KB273526

관악에 살다
미래를 열다

박준희의
세 번째 프러포즈

관악에 살다
미래를 열다

박준희 지음

더봄

이재명 대통령의 국민주권 시대,
관악의 미래를 위한 세 번째 프러포즈

나는 관악S밸리의 기획자이다. 관악S밸리는 이제 첨단기술에 기반한 벤처기업들의 요람으로 확고하게 자리매김했다. 따라서 이 책을 쓰면서 인공지능을 이용하는 게 자연스러운 행동일 터라 '삼세판'의 뜻에 대해 AI에게 잠깐 물어봤다. AI는 다음과 같은 답변을 주었다.

> "삼세판이라는 말은 한국에서 매우 흔하게 사용되는 표현으로 어떤 내기나 시합, 또는 중대한 결정을 내릴 때 최소한 세 번의 기회나 시도를 통해 승부나 결과를 결정짓는 관습을 의미합니다."

그렇다. 나는 세 번째로 관악구민들의 평가와 검증을 받고자 한다. 삼세판의 의미가 내게 유달리 묵직하게 들려온 까닭이다.

나는 첫 번째 프러포즈에서 첨단 창업도시, 힐링 정원도시, 그리고 청년친화도시를 세 개의 기둥으로 하는 관악 발전의 커다란 밑그림을 그렸다. 두 번째 프러포즈에서는 그 밑그림을 관악구민들이 다가갈 수 있고,

만질 수 있고, 기댈 수 있는 구체적 실물로 만들어내는 일에 전력투구했다. 다가오는 세 번째 프러포즈에서는 관악구민들과 관악구청이 민선 8기에서 더불어 완성한 빛나는 성과물들을 공유하고, 더욱 발전시키는 계기로 삼으려 한다.

이재명 정부의 출범은 나에게 새롭고 특별한 목표와 과제를 안겼다. 이재명 대통령께서 선언하신 국민주권정부 시대에 걸맞은 주민주권의 명실상부한 실현이 그것이다. 첨단 창업도시와 힐링 정원도시와 청년 친화도시의 세 가지 기둥을 바탕으로 관악구가 국민주권시대를 풀뿌리 차원에서 선도적으로 개막하는 모범 도시가 되어야만 하는 것이다.

이재명 대통령의 당선으로 관악구는 더 큰 도약과 진보를 향한 계기를 마련하게 되었다. 관악S밸리 지원과 서부선·난곡선 개통처럼 관악구민들이 간절하게 염원해온 일들이 이재명 대통령께서 대선 후보셨을 때 발표하신 공약에 거의 완벽하게 포함된 덕분이었다. 이재명 대통령의 취임으로 관악구는 지역 현안 사업들의 추진에 한층 더 탄력과 가속도를 붙일 수 있게끔 되었다.

정의롭고 양심적인 위대한 대한국민들이 동참해 이뤄낸 빛의 혁명은 김대중 정부, 노무현 정부, 문재인 정부에 이은 네 번째 민주 정부인 이재명 정부의 역사적 탄생으로 이어졌다. 이재명 대통령께서 회복과 성장의 길로 나아가는 힘찬 발걸음을 쉼 없이 내디디고 계신 지금이야말로 이재명 정부의 정책과 관악구의 사업들을 유기적으로 접목할 수 있는 기회다.

공정성장, 실용적 시장주의, 균형발전을 강조하는 이재명 대통령님의 국정 철학은 관악구의 발전 방향과 그 지향점이 정확히 맞닿아 있다고 해도 과언이 아니다. 특히 △관악S밸리 완성 △관악산 자연휴양림·구립노인종합복지타운 조성 △청년친화도시 조성 △서부선·난곡선 개통 같은 관악구가 그동안 역점을 두고 추진해온 중요한 현안들이 이재명 대통령님의 지역 공약에 꼼꼼하게 반영된 것은 '지성이면 감천'이라는 이야기를 자연스럽게 떠올리게 한다.

관악구는 이 소중한 기회를 놓쳐서는 안 된다. 이재명 정부의 국정 운영과 밀접하게 연계된 지역발전 정책들을 관악구가 선도적으로 추진해야만 한다. 이와 동시에 중앙정부의 행정적·재정적 지원을 최대한 이끌어낼 수 있는 체계적 계획을 수립하는 데도 박차를 가해야 한다.

그러자면 관악구 도시 행정의 연속성과 계속성이 그 어느 때보다 절실하게 요구된다. 이는 내가 존경하고 사랑하는 관악구민들께 감히 세 번째 프러포즈를 하기로 마음을 굳힌 근본적인 이유이자 동기이기도 하다.

관악은 시대의 변화를 언제나 과감하게 주도해왔다. 서슬 퍼런 군사독재 정권 시절에는 수많은 민주화 투사들이 관악구에서 배출됐다. 모든 나라들이 첨단 과학기술로 경쟁하는 지금은 전 세계 최고 정보통신기술 회사들의 경연장인 국제전자제품박람회CES에서 관악S밸리에 터전을 둔 스타트업 기업들이 작게는 관악구의 지역 브랜드 가치를, 크게는 대한민국의 국격을 높여왔다.

관악구는 이재명 정부의 정책 기조와 조화를 이루며 구민들이 체감할 수 있는 실질적인 성과를 앞으로도 꾸준히 창출해내야 한다. 나의 세 번째 프러포즈가 이재명 정부의 확실한 성공과 관악구의 더 큰 발전과 성장을 알리는 의미 있는 예고편이 되기를 바란다.

현직 구청장으로 활동하며 원고를 정리하고 책을 쓰는 일은 주경야독만큼이나 어려웠다. 하지만 민선 8기 관악구의 성적표 점수를 높이 매겨주신 여러 언론매체에 보도된 칼럼과 인터뷰는 내가 미처 챙기지 못하고, 기록하지 못한 일들을 다시금 반추하고 정리하는 데 큰 힘이 되었다. 따라서 여기에 실린 글들은 그 자료들을 바탕으로 시의성 있게 다듬었음을 밝힌다. 여러모로 부족하지만, 이 책을 사랑하는 가족들과 늘 고마운 관악구청 공무원들과 존경하는 관악구민들께 바친다.

2026년 1월

관악구청장 박 준 희

박준희의
세 번째 프러포즈
관악에
살다
미래를
열다

네 번째 이야기. 생명은 기본, 안전은 더불어, 행복은 오랫동안····178

PART 3. 주민주권의 실천 도시 관악

다섯 번째 이야기. 마음을 얻는 이청득심의 행정 ················210

여섯 번째 이야기. 박준희와 함께하는 주민주권 관악············254

PART 1.
먹사니즘의
선도 도시
관악

첫 번째 이야기.
관악S밸리가 만들어낸
청년창업의 열기

두 번째 이야기.
소상공인들과 함께한
회복과 성장의 기록

첫 번째 이야기.

관악S밸리가 만들어낸 청년창업의 열기

관악구를 미국 실리콘밸리에 버금갈 벤처창업의 중심지로 만들자고 제안하기 위해 서울대학교 총장실을 찾았던 날의 떨림과 설렘을 나는 여전히 잊을 수가 없다. 그날 내가 내디딘 작은 발걸음은 관악S밸리의 탄생과 성장을 이끈 거대한 도약이 되었다.

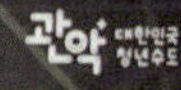
S VALLEY STARTUP SUMMER-UP SEED DAY
25. 6. 9. (월) 14:00
Seed에서 Scale up으로 나아가는 여름의 기회
S Valley Startup Summer-Up Seed Day
장소 | 서울시민대학 다시가는캠퍼스
주최·주관 | OPENKNOWL 관악S밸리 관악구 서울캠퍼스타운 서울창업허브관악
관악 대한민국 청년수도
3조

관악구가 벤처기업들의
새로운 산실로 뜬 까닭은

"벤처 창업의 메카를 만들고자 관악S밸리 사업을 통해 민관학 협력의 성공적 창업생태계를 조성해 나가고 있습니다. 기업하기 좋고, 투자 기회가 많은 관악에서 한국을 넘어 세계적인 기업이 되시길 진심으로 바랍니다."

나는 2022년 11월 18일 관악구청 대강당에서 개최된 '2022 관악S밸리 창업 페스티벌-데모데이 투어TOUR 5' 시상식에서 이와 같은 인사말을 하였다.

'2022 관악S밸리 창업 페스티벌'과 함께 열린 데모데이에서는 8개 사의 신생 창업기업들이 투자사들 앞에서 투자 유치를 위한 열띤 발표를 진행했다. 이날 행사는 역량 있는 기업들과 투자자들의 연계를 목적으로 관악구가 기획한 자리였다.

최우수상에는 방대한 분량의 텍스트를 요약해 영상 정보로 변환하는 등의 서비스를 제공하는 회사인 ㈜웨인힐스브라이언트에이아이가 선정됐다. 우수상은 온라인 시험 인공지능AI 관리감독 서비스를 준비한 에딘트가 차지했다.

관악구는 기술 창업을 선도하는 벤처창업 대표 도시로의 도약을 위한 투자에 집중해왔다. 3월 18일과 19일 양일에 걸쳐 열린 '2022 관악S밸리 창업 페스티벌'은 관악구의 그러한 도전과 모색이 생생히 구현된 의미심장한 이벤트였다.

페스티벌에서는 데모데이 이외에도 자금 조달 설명회, 창업기업 네트워킹, 해외 소비자 워크숍 등이 진행됨으로써 기업과 투자자들 간의 만남과 연결의 기회를 제공했다.

최고의 창업전문기관이라고 할 만한 서울대학교 창업지원단도 힘을 보탰다. 서울대 창업지원단은 채용박람회 매치포인트를 열어 3년 이내 초기창업기업에 우수 인재를 채용할 수 있는 기회를 제공했다.

한재권 한양대 교수는 미래 인재 양성을 위해 '로봇과 인공지능 기술이 만들어낼 인간사회의 변화에 대한 우리의 대응'을 주제로 한 AI 특강을 진행했다. 더불어 관악구 중·고등학생의 로봇 축구 경진대회도 참석자들의 커다란 관심을 모았다.

4차 산업 미래기술을 체험할 기회를 선사하는 '2022 스마트도시 페스티벌'도 나란히 열렸다. 특히 홀로그램을 이용한 공연은 참석자들이 잠시도 눈길을 떼지 못할 만큼 환상적인 퍼포먼스였다.

서덕수 한동대 공간환경시스템공학부 교수와 김익회 국토연구원 스마트공간연구센터장은 청중들이 이해하기 쉽도록 미래기술 이야기를 맛깔나고 흥미진진하게 펼쳐내 장내의 호응과 갈채를 받았다. 구청 광장에서는 로봇댄스 공연과 드론축구 등의 흥미 만점의 체험 부스가 설치돼 행사의 열기를 한층 더 고조시켰다.

관악구는 4차 산업혁명 시대에 걸맞은 창업생태계 조성과 스마트시티 구축을 목표로 다방면에서 적극적인 정책을 준비하고 시행해왔다. 관악구는 지난 2022년 초, 벤처기업육성촉진지구로 지정되는 쾌거를 이뤘다. 이 지정은 관악구가 명실상부한 벤처 창업의 요람으로 인정받는 결정적 계기가 되었다. 이를 발판 삼아 관악구는 보다 체계적으로 창업기업들을 지원하기 위해 '관악중소벤처진흥원' 설립을 추진했고, 2025년 7월, 성공적으로 출범시켜 본격적인 운영에 들어갔다.

관악구는 현재 '관악S밸리 2.0'을 통해 1,000개 이상의 벤처기업을 유치하겠다는 목표를 향해 순항하고 있다. 아울러 스마트도시 5개년 계획도 수립했다. 이와 관련해 2026년까지 총 354억 원의 예산을 투입해 자율순찰로봇, 스마트경로당, 주민 디지털 역량 강화 교육 등을 진행함으로써 주민들이 실생활에서 체감할 수 있는 생생하고 구체적인 스마트 서비스 제공에 주력할 계획이다.

관악구는 시대의 도도한 흐름에 선제적으로 나서야 한다. 지역에 자리한 훌륭하고 독보적인 자원인 서울대와의 적극적 협력을 통해 세계적 벤처 창업 생태계를 조성하고 주민의 일상이 더욱 편안해지는 스마트 도시를 구현하겠다는 것. 이것은 구청장인 나만의 꿈이 아니라, 50만 관악구민 모두의 꿈이자 곧 다가올 현실이 될 것이다.

서울신문 / 2022.11.22.

미래를 꿈꾸는 도시
'ESG 관악'

"모두가 잘사는 지속발전이 가능한 도시를 만들기 위해 환경·사회·지배구조ESG 경영은 선택이 아니라 필수입니다. 환경도 지키고 사회적 가치도 실현해 더 행복한 관악을 만들겠습니다."

나는 2023년 3월 21일, 서울 관악구청 8층 대강당에서 열린 'ESG 비전 선포식'에서 이와 같은 강력한 의지를 밝혔다.

ESG의 가치와 중요성은 민간기업 경영의 영역을 뛰어넘어 이제는 공공행정의 영역으로까지 확장되고 있다. 나의 이러한 의지는 관악구가 ESG와 관련된 정책을 선도적으로 도입해 실천하겠다는 공개적 다짐이기도 했다.

이날의 비전 선포식에서는 윤순진 서울대 환경대학원장의 ESG 강연을 비롯해 서울대 ESG 관련 연구 사례와 관악구에 있는 사회적기업의 ESG 활동 사례 발표가 다채롭게 이어졌다. ESG는 이미 세계적인 경영 패러다임으로 폭넓게 자리 잡았다. 이번 행사는 지역 주민들이 ESG 정책에 대해 폭넓은 공감대를 형성할 수 있는 유익한 계기가 되었다.

관악구는 이 행사에 참석한 주민들이 ESG에 대해 쉽게 이해할 수 있도록 홍보 부스를 마련했다. 이를테면 폐식용유를 재활용해 만든 비누를

환경과
사회적 가치를
더불어!
더(The) ESG 관악 비전선포식
더(The)
더불어 포용
E(환경)
더불어 환경
S(사회)
더불어 사회
G(거버넌스)
더불어 협치
관
더불어 관악
악
더불어

전시해 생활 속에서 손쉽게 자원 순환을 실천할 수 있는 방법을 알렸다. 이와 더불어 폐페트병을 파쇄해 의류와 문구 등의 자원 순환 제품을 만드는 관악구 사회적기업의 활동도 소개했다.

관악구는 '미래를 꿈꾸는 도시 더The ESG 관악'을 비전으로 선포하고 ESG 경영을 구정에 적용하기 위해 힘써왔다. 2023년 2월에는 '관악형 ESG 정책 종합 계획'을 수립하고 구청 20개 부서에서 46개 사업을 중점 추진하기로 했다. 그리고 '관악형 ESG 분야별 실천 사업 아이디어 공모'를 실시해 참신한 아이디어를 발굴했다. 관악구는 'ESG 실천 기업 경영 지원 활성화를 위한 조례' 또한 제정해 ESG 행정의 효과적 구현에 필요한 제도적 기반도 탄탄히 구축했다.

불과 몇 년 전만 해도 ESG에 관한 일반 시민들의 인식과 개념은 다소 생소했던 게 사실이다. 이에 관악구는 ESG에 대한 구민들의 관심과 참여를 제고하기 위해 '1080 그린 리더 만들기' 사업을 추진하기로 했다. 지역 유치원과 초·중·고교 학생들을 대상으로 생활 속에서 탄소중립을 실천하는 방법을 교육하고, 인류의 생존을 심각하게 위협하는 기후위기에 성공적으로 대응해나갈 수 있는 환경 교육도 꾸준히 실시해왔다.

관악구는 기후변화와 경제 위기, 코로나19 사태 장기화 등으로부터 비롯된 다양한 사회적 문제들을 해결하기 위해 ESG 사업을 중점적으로 추진해나가기로 했다. ESG 정책이 착실하게 뿌리를 내리려면 구민들의 적극적인 참여와 협력이 무엇보다 중요하다. 관악구는 주민, 지역 내 기업, 시민단체, 교육기관 등과 활발하게 연대하고 소통해 나갈 것이다.

서울신문 / 2023.04.03.

청년들과 관악구청장이
골목경제로 하나가 된 날

2023년 7월 3일 저녁, 서울 관악구 은천동 관악청년청에서 초여름의 날씨만큼이나 뜨거운 열기를 내뿜으며 진행된 '초기기업 관계망네트워크의 날'에 참석해 젊은 기업 대표들에게 진심 어린 응원을 보냈다.

청년 기업인들과의 관계망을 형성하는 자리에서 공공지원 확대를 약속하면서 경제 활성화를 위한 청년들의 적극적인 동참을 호소했다. 마침 이날은 민선 8기 1주년을 기념하는 날이기도 했다. 나는 이날 하루의 행보 중 마지막 만남의 자리를 청년 창업가·기업인과 함께했다.

이날 오전 7시에는 지하철 2호선 서울대입구역에서 환경 공무관들과 함께 재활용품을 수거하며 하루의 일정을 시작한 참이었다. 재활용품 수거를 마친 뒤에는 노년층 대상 급식 봉사에 참여했고, 장마철에 대비한 산사태 복구 현장과 주요 공사 현장의 점검에도 나섰다. 그리고 이날의 마지막 일정으로 청년청을 찾았던 것이다.

'초기기업 관계망의 날' 행사는 낙성벤처밸리와 신림창업밸리에 입주한 청년 기업인들이 지역사회와 상호 관계망 형성을 위해 의기투합한 자리였다. 관악구청 근무자들과 관악에 둥지를 튼 기업 소속 청년들은 "관악

=청년!"을 우렁차게 외치며 지역 경제의 부흥과 골목 경제의 활성화에 뜻과 힘을 모으겠다는 결의를 다졌다.

나는 기초지방자치단체 차원에서는 선뜻 표방하기 어려운 주제인 '경제'를 민선 7기의 화두이자 목표로 내걸었다. 이 화두의 성공적 구현을 목표로 관악구는 관악S밸리를 통한 지역경제 활성화에 심혈을 기울여왔다.

관악S밸리 조성 사업은 대한민국을 대표하는 지식의 요람인 서울대학교가 보유한 우수한 기술 및 인력과 관악구 전체 인구의 41%를 웃도는 청년들의 열정과 재능을 활용하려는 담대한 프로젝트이다. 양질의 일자리를 창출하고 청년들이 지역에 둥지를 틀도록 유도한다는 취지가 함께 담겨 있다.

관악구는 2020년부터 낙성대동에 벤처창업센터 4곳을 조성해 초기 기업을 위한 창업공간을 제공해왔다. 2023년 1월에는 신림동에도 같은 시설을 마련해 초기 단계를 벗어나 일정 규모 이상으로 성장한 기업들에게 더 큰 도약을 위한 공간을 제공하고 있다.

비교적 저렴한 임대료를 책정하고 각종 사무기기를 비치했다. 기업 성장과 투자 유치에 도움을 줄 경영 진단과 역량 강화 프로그램도 제공했다. 여기에 기업 간의 관계망 형성 등의 분야별·단계별 맞춤형 지원이 더해졌다. 이 모두가 청년들을 관악구로 유치하려는 승부수였다.

창업 후에 강남으로 나갔다가 관악으로 다시 돌아온 한 기업 대표는 "저렴한 창업공간과 체계적 홍보 같은 구청 차원의 지원이 관악S밸리의 매력적 요소"라고 말했다. 그는 구청의 지원 의지가 강력해 창업 이외에도 인턴십 등 청년들에게 기회가 많다는 점에서 관악구의 창업 지원 정책을 긍정적으로 평가했다.

HONG KONG TECH
NG TECH HONG
B-G
Q 10
CES2024
Discover
the next
wow
Japanese
startup
JA
biohub
COZA
SLEEP
COZA
COZA
SLEEP
63416-33

나는 이수현 ㈜로맨시브 대표와 '대표 대 대표'로 마주 앉아 공개 만남을 진행했다. 이 대표는 공간 제공과 인건비 및 홍보 지원 덕분에 빠르게 성장할 수 있었다고 말했다. 아울러 창업 공간 이외의 다양한 공간도 최대한 활용하고 싶다고 포부도 밝혔다. ㈜로맨시브는 수면유도 음료로 상품성과 경쟁력이 관련 시장에서 두루 검증된 스타트업으로 창업 2년 만에 5억 원이 넘는 매출을 올리면서 안정적으로 자리 잡았다.

관악구는 창업 기반 시설 조성과 그에 따른 기업 유치 및 일자리 창출에 멈추지 않고 1,000개의 청년 기업을 목표로 창업 지원 정책에 속도감과 다변화를 더해왔다. 2023년 4월에 문을 연 관악청년청을 필두로 청년 문화활동 공간인 신림동쓰리룸, 문화와 예술이 공존하는 관천로 문화공간, 미디어센터 관악 등이 청년 활동의 구심점으로서 제 역할을 톡톡히 해내고 있다. 이들 공간에서 청년들이 모여 문화와 예술로 소통하면서 창업 노하우와 협업의 경험을 공유하고 있다.

관악S밸리는 출발 초기 대비 입주기업과 연 매출액이 각각 12배와 24배 증가하는 초고속 성장을 이루며 관악이 젊고 힘찬 청년특별시로 도약하는 교두보 역할을 해왔다. 관악구는 혁신과 상생의 경제를 더 발전시켜나감으로써 전국 지방정부 청년정책의 탄탄한 모범사례를 완성해 낼 것이다.

내일신문 / 2023.07.10.

혁신 경제가
위대한 관악을 만든다

"더 강한 경제를 구축해 혁신 경제 도시로 도약하겠습니다. 이청득심以聽得心, 즉 경청함으로써 마음을 얻는다는 말처럼 소통과 협치의 행정을 실천하며 구민과 함께 위대한 관악의 역사를 만들겠습니다."

나는 2024년 1월 5일, 대학동 관악아트홀에서 열린 신년 인사회에서 이와 같은 새해 포부를 밝혔다. 그 자리에는 1,500여 명의 내빈과 구민이 참석해 주셨는데, 나는 참석자들과 일일이 인사를 나누며 모두가 행복하고 건강한 새해가 되기를 기원했다.

돌이켜보면, 2023년에 관악구가 거둔 성과와 전진은 오롯이 구민들 덕분이었다. 관악S밸리에 입주한 2개 기업이 미국 소비자기술협회가 주최하는 가전·정보기술IT 전시회인 'CES 2024'에서 혁신상을 수상하고, 열악한 재정 여건에도 불구하고 총 1147억 원에 달하는 외부 재원을 유치하는 등 여러 가지 다양하고 풍성한 결실을 맺을 수 있었던 원동력은 바로 구민들의 변함없는 응원과 지지였다.

나는 그날, 2024년에도 관악구가 혁신 경제 도시로 계속 도약하는 데 필요한 구체적 비전을 소개했다. 2026년까지 우수 벤처·창업 기업을

1,000개 이상 유치하고, 지역 중소·벤처 기업을 전문적으로 지원하는 '관악중소벤처진흥원'을 이른 시일 내에 설립하겠다는 게 주요 내용이었다.

또한 양질의 일자리 창출을 위해 '관악일자리행복주식회사'를 설립하고, 관악사랑상품권을 발행해 자영업자와 소상공인들에 대한 지원을 강화하겠다는 신년 계획도 밝혔다.

그리고 2년이 지난 지금, 그 약속들은 현실이 되었다. 관악중소벤처진흥원과 일자리행복주식회사는 성공적으로 출범해 제 몫을 다하고 있으며, 벤처기업 1,000개 유치 목표 또한 달성을 목전에 두고 있다. 말뿐인 정치가 아니라, 실천하는 행정으로 증명해 온 시간이었다.

이제까지 '50만 구민이 행복한 도시'를 만드는 일을 제일의 목표로 설정해 구정에 임해왔다. 그러기 위해서는 구민을 위한 '따뜻한 포용 도시'로 관악구가 거듭나야 한다.

이를 위해 장애인, 청년·중장년 1인 가구, 아동 등에 대한 복지 서비스를 강화하고, 노인회관·50플러스센터 등 어르신들을 위한 공간을 확충할 것이다. '더 행복한 관악, 더 위대한 관악'을 위해 오직 구민들만 생각하며 쉼 없이 달려갈 것을 다시 한번 굳게 약속드린다.

서울신문 / 2024.01.09.

고시촌에서 벤처밸리로,
서울대 입구의 대변신

"관악S밸리가 지난 1월 미국 라스베이거스에서 열린 국제전자제품박람회CES에서 자치구 최초로 부스를 열고 2개 기업이 수상하는 등 눈부신 성과를 이뤄내고 있어 자부심이 큽니다."

지난 2024년 4월 12일, 신림벤처창업센터에서 열린 제1회 '관악S밸리 스타트업 스케일업·데모데이'에서 이와 같은 환영사를 할 수 있어 뿌듯하기 이를 데 없었다. 이는 창업 생태계 조성과 경제 발전을 위해 관악구청 차원에서 모든 행정적 지원을 아끼지 않겠다는 강렬한 의지의 표현이기도 했다.

당시 행사는 관악S밸리의 인지도를 높이기 위해 '스케일업'과 '데모데이'를 연계해 개최하였다. 행사에서는 사업화 자금 1억 1000만 원의 향방을 두고서 정보통신기술ICT, 바이오, 인공지능AI 등 첨단기술 우수 스타트업 8곳이 한 치의 양보도 없는 열띤 경연을 펼쳤다.

4000만 원의 사업화 자금을 지원받을 수 있는 대상은 버섯 발효를 활용한 스테이크용 대체육을 개발한 '천년식향'에 돌아갔다. 3000만 원이 주어지는 최우수상은 서울대 출신 청년들이 모여 대면적 고해상도 광학기

2025
관악 S 밸리 창업페스티벌
2025. 19 (금) 10:00 ~ 17:00

술 기반 줄기세포 분석 시스템을 개발한 '이아이에스'가 차지했다. 예선에는 서울뿐 아니라 전국 각지에서 31개 기업이 참가해 4 대 1의 뜨거운 경쟁률을 보였다.

내가 민선 7기에 이어 민선 8기까지 꾸준히 공들여 온 관악S밸리는 서울대 앞 고시촌의 풍경을 가히 상전벽해라 할 만큼 바꿔놓았다. 17개의 창업인프라 시설에 136개의 창업기업이 입주해 1,000여 명이 일하고 있다. 서울대의 우수한 인재들과 축적된 기술력은 관악S밸리만의 독보적 장점이자 타의 추종을 불허하는 강점으로 평가된다. 실제로 중소벤처기업부 인증 벤처기업 증가율이 서울시 평균의 2배를 웃돌았던 2023년의 기록은 관악의 잠재력이 폭발하기 시작했다는 명백한 신호였다.

나는 2026년까지 25개의 창업 인프라를 확충하고 1,000개 벤처·창업 기업을 유치해 6,400명의 고용을 창출하고, 2000억 원의 투자를 유치하겠다는 목표를 세웠다. 그리고 지금, 그 목표는 더 이상 먼 미래의 꿈이 아니다. 유망한 청년 기업들이 관악에서 안정적으로 사업을 일구어 나가고, 지역 경제가 활성화되는 '선순환 구조'는 이제 관악의 '새로운 일상'이 되었다. 고시촌의 불 꺼진 창들이 혁신의 빛으로 다시 타오르는 그날까지 나의 노력과 헌신은 멈추지 않을 것이다. 관악의 대변신은 이제 시작일 뿐이다.

서울신문 / 2024.04.15.

미국 CES도 인정한
S밸리의 기술력

"기술이 세계를 바꾸는 플랫폼, 관악S밸리에서 미래를 만드세요."

현지시간 기준 2025년 1월 7일, 나는 관악구청장으로서 미국 라스베이거스에서 열린 국제전자제품박람회CES에 참석해 관악S밸리의 비전에 대해 설명하는 시간을 가졌다. 세계 3대 전자·정보통신ICT 전시회들 가운데 하나로 총 나흘 동안 펼쳐진 2025 CES는 4,300여 개 기업이 참가하고 15만 명의 관람객이 전시관을 둘러보았다.

나는 단순한 창업 지원을 넘어 관악구 전체를 글로벌 창업 혁신 허브로 변화시키겠다는 원대한 비전을 소개했다. 이러한 비전을 실현하기 위해 혁신 기업들의 성장을 전 주기에 걸쳐 지원하고, 이에 필요한 글로벌 네트워크를 구축·확대하겠다고 밝혔다. 관악구의 혁신 기업 지원책이 꾸준히 이어지면 기업가치 1조 원 이상의 비상장기업인 유니콘 기업이 관악구에서 머지 않아 배출될 것이 확실하다는 청사진을 제시했다.

CES에서 2년 연속 문을 연 관악S밸리관에는 인공지능AI, 딥테크, 바이오헬스 등 첨단기술 분야 10개 기업이 참가했다. 이들은 국내외 창업 관계자를 만나 투자 설명회를 열고 그동안 갈고닦아온 전문성과 기술력을 과시했다. 스타트업 네이션에이는 생성형 AI 기술과 3차원 파운데이션 모델을 활용해 두 개의 혁신상을 수상했다. 루트파인더스, 메타파머스, 섬재 또한 수상자 명단에 당당히 이름을 올렸다.

관악S밸리가 CES에서 수상한 성과는 2022년, 2024년에 이어 이번이 세 번째다. 특히 2024년도에는 12억 원 규모의 기술실증 계약이 체결되고, 31억 원 규모의 투자를 유치하는 성과를 창출했다. 민선 7기부터 청년인구와 서울대 기술력을 결합한 창업생태계로 추진된 관악S밸리는 대한민국 혁신 기업들이 해외 시장으로 진출하는 교두보로 든든하게 자리를 잡아가고 있다.

혁신 경제도시를 향한 관악S밸리 2.0의 행진은 쉼 없이 계속되어 왔다. 2025년에는 우수한 벤처창업 기업을 800개까지 늘리고 창업 인프라를 확충하겠다는 목표를 수립했다. 2024년 말, 서울대 연구공원 내 바이오 실험실과 AI 등 특화 시설이 조성된 데 이어, 낙성대역과 서울대벤처타운역 인근에도 창업 공간이 추가로 조성되어 현재 청년 창업가들의 열기로 가득 차 있다.

특히 벤처 창업의 컨트롤 타워 역할을 맡는 '관악중소벤처진흥원'은 지난 2025년 7월 출범해 현재 본격 가동 중이다. 서울시의 '특정개발진흥지구' 지정을 위한 절차 역시 막바지 단계에 와 있다.

특히 2025년에 신규 입주하는 창업 기업 모집에 203팀이 몰려 3.7 대 1의 경쟁률을 기록한 데서 확연히 증명되듯이 관악S밸리는 전국적으로 성장 가능성을 인정받았다. 관악S밸리는 관악구의 도시 정체성을 새롭게 구축하는 핵심 전략이기도 하다. 앞으로도 우수한 벤처 창업 기업들과 어깨를 나란히 하며 위대한 혁신의 역사를 계속해서 만들어 나갈 것이다.

서울신문 / 2025.01.15.

'관악S밸리 2.0' 추진에
박차를 가하다

관악구는 관악S밸리 소재 10개 기업과 함께 2025년 1월 초, 미국 라스베이거스에서 열린 세계 최대 정보기술IT·가전전시회인 '국제전자제품박람회CES 2025'에 참가했다. 이를 계기로 관악구는 2025년 벤처·창업기업에 대한 지원을 더욱 강화했다. 기업가치 1조 원 이상인 비상장기업을 뜻하는 유니콘 기업을 선도적으로 육성해 '글로벌 혁신 허브'로 도약하겠다는 구상의 본격적 실천에 나선 것이다.

관악구는 서울경제진흥원SBA과 협력해 CES 2025에서 서울통합관 안에 '관악S밸리관'을 마련했다. 10개 기업이 참가하는 전시 부스를 열고 혁신상 신청 비용 등을 지원했다. 또한 미디어 홍보, 글로벌 피칭데이투자 유치를 위한 설명회 등 해외 진출 프로그램도 제공했다.

나는 관악구와 관악S밸리의 비전을 직접 발표하며 투자 유치에 앞장섰다. 관악구의 비전은 단순한 창업 지원의 한계를 뛰어넘어 관악구 전체를 글로벌 창업 혁신 허브로 변화시키는 것임을 강조하며, 첨단산업 분야 혁신 기업이 성장할 수 있도록 전全 주기에 걸쳐 지원함으로써 관악구를 유니콘 기업의 산실로 자리매김하겠다는 청사진을 펼쳤다.

CES 2025에서는 관악S밸리에 입주해 있는 4개 기업이 총 5개의 혁신상을 수상하는 영예를 안았다. 앞서 2022년에는 관악S밸리 기업이 최고혁신상을 받았고, 2024년에는 2개 기업이 혁신상 3개를 가져오는 쾌거를 이뤘다. 2024년에 CES에 참가한 관악구 관내의 기업들은 총 12억 원 규모의 기술 실증 계약, 투자 유치 31억 원, 수출 계약 3건 등의 빛나는 실적을 올렸다.

관악S밸리는 관악구에 소재한 서울대의 인재와 기술력을 소중한 자산으로 적극 활용하는 데 주안점을 두고 있다. '낙성벤처밸리'와 '신림창업밸리'를 양대 축으로 하여 관악구 전체를 대학·기업·지역이 상생하는 창업 중심지로 조성해 경제를 활성화시키는 프로젝트다. 나는 구청장 임기 첫해인 2018년부터 관악S밸리 사업을 추진하기 시작해 현재까지 18개의 창업 인프라 시설을 조성했다. 현재 238개 창업기업이 입주해 1,000여 명의 임직원들이 일하고 있다.

관악S밸리 기업들의 연간 매출액은 조성 초기인 2019년 8억 2400만 원에서 2024년에는 481억 3000만 원으로 58배가 됐다. 같은 기간 연간 투자유치액은 11억 원에서 440억 2000만 원으로 40배로 늘어났다. 특히 지식재산권특허 등록의 경우 2건에서 30건으로 수직 상승했다.

관악구는 이러한 성과를 토대로 '관악S밸리 2.0' 추진에 박차를 가하고 있다. 2026년까지 △창업 인프라 시설을 25개로 확충 △우수 벤처·창업 기업 유치 1,000개 달성 △고용 창출 6,400명 △누적 투자유치 2000억 원 달성 등이 목표이다. 관악구는 2023년~2024년에는 투자 유치가 상대적으로 어려운 초기기업을 위해 116억 5000만 원 규모의 '제2호 관악S밸리 기업지원펀드'를 조성한 바 있다. 이를 활용해 앞으로 지역 내 기업

관악중소벤처진흥원 출범식
일시 | 7월 1일 (화) 13:30 - 14:20
장소 | 신림벤처창업센터 1관 B1

에 펀드 결성액의 50%를 투자할 방침이다.

낙성대동과 대학동 일대에는 서울대가 운영하는 '캠퍼스타운'으로 '창업 HERE-RO히어로 2·3·4·5' 총 69실이 구축돼 있다. 2025년 상반기에는 지하철 낙성대역 인근에 입주공간 20실을 갖춘 '창업 HERE-RO 1'을 추가 조성했다.

관악구는 관악S밸리를 더욱더 확대하고자 '특정개발진흥지구' 지정도 동시에 추진해왔다. 특정개발진흥지구로 지정되면 단순한 산업 육성을 넘어 연구·개발R&D, 정보통신기술ICT 등 기술 기반 창업기업 집적화가 가능해진다. 지난 2024년 10월, 대상지 선정 이후, 관악구는 1년여간 치밀하게 준비해 왔다. 그 결과, 2025년 12월, '서울시 산업·특정개발진흥지구 심의위원회'에서 '진흥 계획'이 최종 가결되는 쾌거를 이뤘다. 이는 지구 지정을 위한 가장 까다로운 핵심 관문을 통과한 것으로서, 이제 관악구는 '최종 지구 지정'이라는 마지막 고지 점령만을 남겨두고 있다.

무엇보다 관악구는 지속 가능한 관악S밸리 벤처·창업 생태계 구축을 위해서 전문 기관인 '관악중소벤처진흥원'을 지난 2025년 7월 성공적으로 출범시켰다. 관악구의 출연기관인 진흥원은 산·학·연·관 네트워크 형성, 통합플랫폼 구축 및 운영, 기업 홍보 및 판로 개척까지 다양한 분야에서 벤처기업들을 전방위적으로 지원하는 기관 역할을 충실히 수행하고 있다. 관악중소벤처진흥원은 앞으로도 서울 서남권의 균형 발전을 이끄는 지역 거점기관으로 우뚝 설 것이다.

문화일보 / 2025.01.23.

관악S밸리 탄생을 위해
서울대 총장실을 찾아가다

나는 기업가로서의 성공을 열망하는 청년 벤처창업가들에게 관악S밸리에 와서 성공의 기회를 잡으라고 가는 곳마다 말해왔다. 관악구가 그들이 성공할 수 있도록 모든 지원과 노력을 아끼지 않겠다는 말도 함께 했음은 물론이다.

미국 실리콘밸리의 스탠퍼드대, 중국 중관춘의 칭화대처럼 관악구는 서울대라는 대한민국 최고의 고등교육기관이 있는 곳이다. 이 좋은 여건과 입지에도 불구하고 관악구가 오랫동안 베드타운에 머물러온 현실이 너무나 안타까웠다. 그런 이유로 구청장에 취임한 이후 관악구를 전 세계가 주목하는 벤처 창업도시로 만들겠다는 구상을 실현하는 일에 최우선으로 나선 것이다.

나는 민선 7·8기 재선 구청장이다. 관악S밸리 조성이야말로 재임 중 가장 보람 있는 과제였다. 이는 내가 3선 관악구청장이 되어 반드시 완성해야만 하는 나의 운명적 과제이기도 하다.

나는 민선 7기 구청장 취임 이듬해인 2019년 서울대학교 총장실을 찾아가 당시 오세정 총장에게 벤처 창업도시를 만들자고 제안했다. 관악이 혁신 경제도시로 성장할 수 있는 신성장 동력을 주도적으로 창출하고 싶은 간절함 때문이었다.

관악S밸리는 서울대가 가진 우수한 인재와 축적된 기술력, 청년이라는 자산을 바탕으로 관악구 전체를 대학, 기업, 지역이 상생하는 세계적인 창업 중심지로 조성하는 프로젝트다. 이 일은 내가 민선 7기 구청장에 취임한 직후인 2018년 7월부터 본격적으로 추진했다.

관악S밸리의 최대 강점은 인재, 공간, 지원 인프라의 3박자를 모두 갖췄다는 데 있다. 서울대의 연구개발 인력 등 풍부한 청년 인력, 민간 임대료의 10분의 1 가격에 입주할 수 있는 가성비 좋은 사무 공간, 벤처창업가들을 마치 내 가족처럼 성심성의껏 지원하는 지원기관·시스템은 타 지방정부에서 따라올 수 없는 관악구만의 독보적인 경쟁력이다.

관악구는 서울대 교수진과 연구 인력에 힘입어 우수 인재를 채용할 수 있는 기회가 풍부하다. 청년인구 비율41.4% 또한 높아 '청년 친화 도시'라는 BIBrand Identity를 표방할 수 있었다. 2022년 벤처기업육성촉진지구 지정, 2025년 '특정개발진흥지구 진흥계획' 서울시 심의 통과 등은 관악구가 남다른 강점을 확보했음을 증명한다. 그동안 지속적으로 확충되어 온 창업 인프라와 성장 지원 프로그램 역시 충실하고 풍부하다.

관악S밸리 조성은 내가 시의원으로 일했던 때부터 구상했던 프로젝트였다. 청년 일자리와 미래 먹거리산업을 발전시켜야 지역경제가 살아나고, 지역이 발전해야 국가 차원의 경쟁력도 확보할 수 있기 때문이다. 이러한 비전을 실현하는 차원에서 초선 구청장 취임 이후 일자리벤처과와 대외정책팀 등 경제 전담 조직을 구청 내에 신설했다. 그리고 부족한 예산 확보를 위해서는 외부 공모사업을 유치했다.

관악S밸리 창업페스티벌
Gwanak S Valley Start-Up Festival
2025
관악S밸리 창업페스티벌

2018년 구청장 취임 이래 쏟아부은 노력은 가시적 성과로 속속 나타났다. 지금까지 238개 스타트업이 탄생했고 1,300여 명의 인재가 첨단산업 분야에서 역량을 펼치고 있다. 관악S밸리에 입주한 기업들은 매년 1월 미국 라스베이거스에서 열리는 세계 최대 규모의 소비자 가전 및 IT 전시회인 국제전자제품박람회에서 2022년을 시작으로 2024년에는 3개 부문, 2025년에는 4개 기업이 5개 부문에서 CES 혁신상을 받는 쾌거를 이뤘다.

관악구는 봉천동 낙성대공원 중 일부 부지7만 3,000㎡를 공원에서 해제해 대규모 창업 거점 빌딩을 신축하는 계획을 추진 중이다. 서울대가 건물을 짓고, 관악구가 행정 지원을 담당함으로써 사업 진행의 속도와 효율성을 높이고자 한다. 이 사업이 원활히 추진되면 2029년 입주가 가능할 것으로 전망한다.

서울시에서는 신림동에 딥테크 스타트업을 집중 육성할 지상 8층 규모의 '서울창업허브 관악' 조성을 계획하고 있다. 이러한 다양한 계획들이 예정대로 차질 없이 수행되면 관악구에는 1,000개 이상의 유망 벤처기업과 최대 1만 명에 달하는 창업가들이 왕성하게 활동하며 지역 경제를 선순환시키는 혁신 생태계를 성공적으로 구축할 수 있다. 관악구가 혁신 경제도시로 완벽하게 거듭날 수 있도록 관악구청 직원들은 언제 어디서나 최선을 다할 것이다.

지금까지 추진했던 사업을 성공시켜 가장 먼저 동트는 관악을 완성하는 것. 그것이 3선 도전을 앞둔 구청장으로서 내게 주어진 소임이자 숙명이라고 생각한다.

아시아경제 / 2025.07.15.

특명!
1만 창업가를 양성하라

관악구는 2030년까지 유능한 청년 인재가 몰리는 전국 최고의 스타트업 허브로 도약하고자 전력투구하고 있다. 이는 '관악S밸리'를 통해 1,000개의 스타트업과 1만 명의 창업가가 배출될 것이라는 뜻이기도 하다.

관악S밸리는 내가 관악구청장 임기를 시작한 2018년부터 서울대와 손잡고 미국 실리콘밸리를 벤치마킹해 시작한 창업 지원 생태계 구축 사업이다. 'S'는 스타트업Start-up, 스타Star, 서울대Seoul National University 등의 의미를 담고 있다.

사법시험이 폐지되고 고시생들이 줄줄이 떠나며 신림동은 한때 텅 빈 동네가 되었다. 그러나 관악S밸리가 본궤도에 오르면서 신림동 고시촌은 수험생들을 대신해 패기와 도전정신으로 무장한 혁신 창업가들로 채워졌다. 덕분에 주변 지역 경제도 살아났다.

관악S밸리는 '낙성벤처밸리'와 '신림창업밸리'를 양날개로 하여 18곳의 창업 보육 빌딩이 조성돼 있다. 이들 창업 보육 빌딩에는 238개 기업과 1,000여 명의 창업가가 입주한 상태이다. 이들 스타트업의 매출은 2024년에 565억 원을 기록했다. 2019년의 8억 2400만 원과 비교하면 무려

박준희 관악구청장, CES 2024에서 관악S밸리 비전 발표

68배 이상 급증한 액수이다. 이곳의 놀라운 성장세는 단지 매출액뿐만이 아니다. 연간 기업 투자 유치액도 2019년 11억 원에서 2024년에는 469억 원으로 껑충 뛰었다. 43배나 폭발적으로 증가한 셈이다.

그러나 이 정도로 만족할 수 없다. 관악S밸리의 더욱더 힘찬 비상을 위해 관악구는 2025년 7월 1일, 서울 시내 25개 자치구 최초로 창업 지원 전문 기관인 관악중소벤처진흥원을 출범시켰다.

특히 초대 이사장으로 박희재 서울대 기계공학부 교수를 모시기 위해 나는 삼고초려를 마다하지 않았다. 박희재 교수는 1998년 서울대 제1호 실험실 벤처기업 '에스엔유프리시젼'을 설립한 한국 벤처기업계의 살아 있는 전설이다. 그를 영입한 것은 관악S밸리의 도약을 위한 나의 승부수였다.

관악구는 벤처기업에 대한 추가적인 행정적·재정적 지원에 나섰다. 낙성대 일대의 공원 부지 지정 해제를 통해 창업 보육 거점 공간을 마련하고, 서림동 옛 289번 버스 종점에는 745억 원을 들여 '서울창업허브'를 조성할 계획이다.

또한 서울시가 주관하는 연구개발R&D 벤처·창업 특정개발진흥지구 지정도 9부 능선을 넘었다. 연구개발R&D 벤처·창업 특정개발진흥지구로 지정되면 건폐율, 용적률, 고도 제한 등 도시 계획상의 다양한 인센티브와 각종 세제 혜택이 부여된다. 서울대의 우수한 인재와 사통팔달의 교통 인프라, 그리고 체계적인 창업 지원책들이 결합해 관악구가 명실상부한 전국 최고의 스타트업 허브로 자리매김할 것이다.

나는 관악구 의원과 서울시의회 의원을 차례로 거쳐 민선 7기 구청장에 취임했다. 그리고 취임 즉시 관악구청의 행정 조직을 기업 친화적으로 바꾸는 작업부터 시작했다. 우선 기존의 지역경제과를 일자리벤처과, 지역상권활성화과, 청년정책과로 개편했다. 지역경제의 성장과 청년 창업 지원의 토대를 다지기 위해서였다. 이는 관악구가 더는 베드타운에 머물러서는 안 된다는 고민의 결과였다.

2022년에 신림선 경전철이 개통되면서 청년 창업 정책에 탄력이 붙게 되었다. 관악S밸리의 풍부한 인적 자원과 탄탄한 창업 인프라에 이끌린 입주 기업들은 기업가치 1조 원 이상의 유니콘 기업을 꿈꾸며 해외 시장을 꾸준히 두드리고 있다.

한국경제 / 2025.08.13.

베드타운에서
청년들의 수도로 도약하다

"관악구는 그동안 '잠만 자는 도시'라는 베드타운의 이미지가 강했다. 이제는 관악구가 벤처창업의 요람인 '관악S밸리'와 '청년친화도시'라는 두 날개를 통해 퀀텀리프, 곧 거대한 도약을 이뤄내야만 할 때이다."

관악구의 등록 인구는 50만 7,754명이다. 서울에서 손꼽히는 인구 밀집 지역이다. 그러나 과거에는 베드타운 이미지가 강했다. 나는 서울대와 높은 청년 인구 비중이라는 두 가지 동력을 발판 삼아 관악구를 벤처창업의 메카로 탈바꿈시키기 위해 지난 8년간 쉼 없이 달려왔다.

내가 민선 7기와 8기 관악구청장으로 일하는 동안 이뤄낸 주요한 성과로 주저 없이 꼽을 수 있는 사업은 단연 '관악S밸리'이다. 관악S밸리는 관악구를 벤처창업과 혁신 경제의 심장으로 변모시킨 핵심 동력이기 때문이다. 낙성대동 일대 '낙성벤처밸리'와 대학동 일대 '신림창업밸리'를 아우르는 명칭인 관악S밸리는 대학과 기업, 지역이 상생하는 창업 중심지를 목표로 하는 관악구의 대표적인 경제정책 사업이다.

나는 2018년에 구청장으로 취임하자마자 관악구를 벤처·창업 혁신 도시로 만들겠다고 결심했다. 미국 실리콘밸리가 스탠퍼드 대학교 옆에 있듯이 유수의 대학이 있는 곳에는 기술력과 인재가 몰려 있기 마련이다. 관악구 역시 관내에 서울대가 있고, 청년 인구 비중이 전국에서 가장 높다는 점에 착안해 관악S밸리를 성공적으로 추진할 수 있었다.

관악S밸리 조성 작업 결과 창업 인프라 18곳이 만들어져 235개의 창업기업이 입주해 현재 1,000여 명이 역량을 키우고 있다. 중소벤처기업부 인증 벤처기업의 숫자는 2024년을 기준으로 200곳을 넘었다. 창업기업까지 포함하면 총 600여 개 기업, 3,000명 이상의 창업가가 활동하는 거점으로 확고히 자리를 잡았다.

내 집무실 벽에는 '대한민국 청년 수도 관악'이라는 표어가 붙어 있다. 2024년 4월에 관악구의 도시브랜드BI를 현재와 같이 변경했다. 실제로 관악구는 관내 청년 인구 비율이 41%에 달한다. 청년 인구만 20만 명 수준으로 전국에서 청년 인구 비중이 가장 높은 지역이다.

이는 내가 취임한 이후 청년 대상 예산을 대폭 늘리는 이유가 되었다. 관악구의 청년 대상 예산은 2018년 5400만 원 규모에서 7년 만에 236억 원으로 확대됐다. 무려 437배가 늘어난 셈이다. 민선 7기에는 '청년정책 전담부서'를 신설하고, 민선 8기에는 서울시 최초로 '청년문화국'을 출범시켜 청년 정책을 선제적으로 추진했다.

관악S밸리를 통해 좋은 일자리를 만들고 청년들이 이곳에서 일자리를 찾아 안정적으로 정착할 수 있도록 '일자리·창업·정착'이 삼박자로 선순환하는 경제구조를 구축해 청년이 살고 싶은 혁신 경제 도시 관악을 조성하는 것은 나만의 희망 사항이 아닐 것이다. 관악구민 전체의 간절한 염원일 것이라고 믿는다.

행정의 핵심은 일관성과 연속성에 있다. 만약 구청장이 교체되면 구정

운영 철학이 달라지고, 정책 사업이 무산될 위험성이 크다. 관악구에서 바라보는 미래 먹거리 산업의 완성을 반드시 내 손으로 마무리해야 한다는 책임감이 나날이 커지는 까닭이다. 힐링과 여유를 더하는 '정원도시 관악' 조성 역시 중단 없이 추진해야 할 핵심 과제임은 물론이다.

관악구청장 취임 3주년을 맞아 진행한 주민과의 토크쇼에서 생생한 이야기를 들으며 지난 7년간 관악이 눈부시게 발전했다는 확신이 들었다. 동시에 구민들이 앞으로 더욱 발전한 관악구에서 행복을 누리기를 원하고 있음을 확인했다. 구민과의 토크쇼는 주민의 준엄한 명령과 이재명 정부 시대의 소명을 기민하고 성실하게 받들어 관악구의 '퀀텀리프'를 위해 더 열심히 뛰어야겠다는 결심을 굳건히 다지는 계기가 되었다.

이투데이 / 2025.09.03.

대한민국의 미래는
관악S밸리에 달려 있다

2025년 9월 19일 오후, 관악구청 별관 7층 강당에서는 '서울대 로봇·AI 경진대회'가 열렸다. 이번 경진대회에는 서울지역에 거주하는 초등학생 36명이 저학년과 고학년으로 나뉘어 로봇들을 조종하며 기량을 겨뤘다. 저학년 학생들은 더 많은 블록을 확보하기 위해 물류 로봇을 바쁘게 작동시켰다. 고학년 학생들은 로봇의 손을 이용해 블록을 들어 옮겼다. 아이들은 로봇 조종을 게임하듯 즐기며 익숙해진 덕인지 고도의 집중력을 발휘했다.

어릴 때부터 로봇을 다루는 데 흥미를 갖고 집중하다 보면 자연히 과학기술자나 벤처 창업가의 꿈을 꿀 가능성이 커질 것이다. 내가 초등학생들에게 로봇 조종 교육과 인공지능AI 교육을 해야겠다고 생각한 것은 이런 이유 때문이었다.

로봇·AI 경진대회는 같은 날 관악구청에서 열린 '2025 관악S밸리 창업 페스티벌' 행사의 일환이었다. 관악구청 본관 로비에 관악S밸리에 입주한 기업들의 홍보 부스와 로봇 체험존이 설치되어 관련 전시가 진행됐다. 대강당과 주변 행사상에서는 특강과 창업 토크쇼, 창업 아이디어 현장 발표대회, 창업자를 위한 1 대 1 투자자문 상담이 이뤄졌다. 낙성벤처

창업센터 등에 입주해 있는 피매치와 주렁주렁스튜디오, 아르토AI, 링크루트 등의 스타트업이 참여했다.

나는 로봇과 AI의 조기교육의 필요성을 특별히 강조하고 싶다. 4차 산업혁명 시대를 살아가는 학생들이 AI를 접할 기회를 일찍 만들어주는 게 무엇보다 중요하기 때문이다. 관악구청은 관내 모든 초등학교에서 AI 교육 프로그램이 운영될 수 있도록 필요한 예산을 꾸준히 지원하고 있다.

2018년 구청장에 취임하고 보니 과학기술 교육 예산이 너무 부족하다는 것을 알게 되었다. 나는 100억 원까지 늘리겠다고 목표를 세웠는데, 2025년에 마침내 그 목표를 달성했다. 초등생 AI 교육 강화가 꼭 필요하다는 소신이 구체적인 정책으로 구현된 것이다.

벤처창업 도시가 혁신경제 도시로 성장하려면 아이들이 일찍부터 AI를 접할 수 있는 환경을 만들어주는 일이 필수적이다. 관악구는 코로나19 이전에 추진했던 초등생 로봇 현장학습 교육도 적절한 여건이 허락되는 대로 신속하게 재개할 계획이다. 초등생 로봇 현장학습 교육은 일정한 선발 절차를 거친 초등학생을 대상으로 6개월가량 집중적으로 교육하는 방식으로 진행될 예정이다.

벤처창업은 상상이 현실이 되고 기술로 이어지는 일이다. 세상을 바꾸는 벤처창업은 앞으로 대한민국이 세계를 선도할 유일한 길이다. 우리나라가 벤처창업의 선도국가로 도약해야만 하는 까닭이다. 나는 관악구에 더 많은 스타트업이 정착해 유니콘 기업으로 성장하고, 그 성장 동력이 질 좋은 일자리 창출과 지역경제의 번영으로 연결되도록 나의 모든 정치적 역량을 걸고 주어진 소명을 끝까지 완수할 것이다.

아시아경제 / 2025.09.23.

관악구의 야심작
창업보육공간

낙성대 일대의 발전은 두 개의 사업을 축으로 하여 이뤄지고 있다. 첫 번째 축은 창업보육공간 조성 사업이고, 두 번째 축은 강감찬 장군 관련 유적 성역화 사업이다.

관악구는 이를 위해 관악산 일대 약 14만 8,760㎡4만 5,000평 중 7만 6,030㎡2만 3,000평는 창업보육공간으로, 나머지는 강감찬 역사관광 중심지로 개발할 계획이다.

낙성대 일대의 미래 발전 구상은 강감찬 장군의 역사적 유산을 적극적으로 활용하자는 것이다. 관악구는 해당 사업의 신속한 촉진을 위해 강감찬 장군 생가터 복원과 박물관 조성 등을 담은 발전계획의 용역을 진행해왔다.

낙성대는 귀주대첩의 영웅인 강감찬 장군이 태어나고 성장한 유서 깊은 장소이다. 이곳을 대한민국을 대표하는 역사 성역으로 잘 가꾸어 관광객들로 하여금 고려시대의 웅장한 역사를 되새겨 보기를 기대한다.

관악구는 강감찬 장군을 주인공으로 기획한 문화 이벤트인 관악강감찬 축제를 개최해왔다. 관악강감찬축제는 서울에서 유일하게 문화체육관광부 '예비문화관광축제'로 선정되었다. 참고로 '예비문화관광축제'는 전국 1,200여 개 축제 중 20개뿐이다.

관악강감찬축제는 매년 실시되는 축제 평가에서 상당한 호평을 받아왔다. 이제 '예비'라는 두 글자만 성공적으로 떼어낸다면 중앙정부로부터 축제 진행에 필요한 예산을 국비를 지원받을 수 있다.

2025년도 관악강감찬축제는 10월 17부터 19일까지 사흘 동안 열렸다. 첫날인 17일 저녁에 진행된 강감찬 생가터와 안국사, 서울대 천문대 등을 돌며 강감찬 장군과 관련된 이야기를 듣는 '낙성대 야별회' 이벤트에는 수많은 외국인 관광객이 함께하며 '글로벌 축제'로서의 가능성을 확인했다.

이튿날인 18일에는 구청장인 내가 고려 시대의 의상을 입고 '관악 퍼레이드 21' 부스를 직접 돌았다. 21개 동의 역사와 문화를 주제로 구성된 주민 주도형 체험 부스였다. 이날 축제를 찾은 아이들은 "강감찬 장군이다!"라고 탄성을 지르며 사진을 찍고 즐거워하는 모습이었다.

고려 시대 시장인 '방시'를 모티브로 낙성대공원 열린마당에 조성된 '고려장터'에서는 지역 내 전통시장 상인들과 관내의 소상공인들이 참여해 고려만두와 낙성별쿠키 등 고려를 소재로 한 먹거리를 선보였다. 나는 장터를 돌며 상인들과 인사하고 지역경제와 주민이 더불어 성장하는 관악강감찬축제를 만들어가겠다는 포부를 밝혔다.

낙성대의 별은 과거에도 현재에도 그리고 미래에도 관악을 비추는 희망의 빛이다.

문화일보 / 2025.10.20.

관악S밸리가 탄생시킨
유니콘의 기적

내가 구청장 선거에 나가겠다고 결심한 가장 큰 동기는 경제 구청장이 되어 관악구를 발전시키겠다는 것이었다. 따라서 구청장이 된 후 베드타운으로 저물어가는 관악구를 벤처창업의 메카로 혁신하는 데 가장 힘을 쏟았다.

벤처창업의 메카로 거듭날 관악구의 중심에는 청년이 지역에 정주하며 창업할 수 있도록 조성한 관악S밸리가 자리해 있다. 관악S밸리에 벤처·창업기업들이 대거 유치되고 고용 창출을 통해 지속 가능한 창업 생태계가 갖춰지면 소상공인이 대부분인 지역상권의 활성화가 일어나는 선순환 구조가 완성될 것이다. 관악S밸리에 입주하면 해외 진출이 가능하다는 입소문이 퍼지면서 많은 벤처 창업가들이 우리 관악으로 몰려들고 있다.

공간 혁신도 눈부시다. 관악구는 창업 보육공간으로 활용할 건물의 용지를 마련하기 위해 낙성대 인근 2만 2,000평7만 3,000㎡ 규모의 공원부지 개발을 서울시와 협의를 마치고, 이제 본격적인 개발 궤도에 올랐다. 또 서울시 땅인 서림동 '289버스 종점' 부지에는 서울시가 직접 900억 원 규모의 창업시설, 곧 서울창업허브 관악을 조성할 예정이다. 이런 부분들이 완료되면 2030년에는 1,000개 벤처기업이 입주해 1만 명 이상의 고용 창출 효과가 기대된다.

서울대를 중심으로 한 관악S밸리는 '낙성벤처밸리'와 '신림창업밸리'를 두 축으로 삼고 있다. 이곳은 2022년 '벤처기업육성촉진지구'로 지정됐고, 이듬해 '관악S밸리 벤처창업 거점공간 조성사업'이 서울시 서남권 균형발전 신속 추진사업으로 선정됐다. 특히 2025년 12월, 관악S밸리 일대에 대한 '특정개발진흥지구 진흥계획'이 서울시 심의를 통과한 것은 결정적인 기회 요인이었다. 이로써 벤처 창업 시설을 구축할 경우 용적률 완화 등 파격적인 혜택을 받을 수 있는 길이 활짝 열렸다. 제도적 기반도 완비했다. 2025년 7월에는 서울시 자치구 최초로 관악중소벤처진흥원이 출범해 체계적이고 지속가능한 창업지원 기반을 마련할 수 있게 되었다.

이곳에서 활동 중인 중기부 인증 벤처기업은 2024년 기준으로 200개를 넘어섰다. 창업기업까지 포함하면 600여 개의 기업과 3,000명 이상의 창업가들이 역량을 키워가고 있다. 이곳에 입주한 벤처기업들이 전부 성공할 것이라고 말할 수는 없다. 그러나 청년들의 실패가 자산이 되고, 도전이 경력이 될 수 있는 미래지향적 생태계의 역할을 할 수 있다. 나는 S밸리가 아이디어와 도전 정신을 가진 청년들이 실패하더라도 다시 일어날 수 있는 기회의 땅이 되도록 다양한 고민을 해왔다.

관악S밸리의 성장은 단순히 벤처기업의 육성과 성장만 도모하는 게 아니다. 청년이 관악에 와서 일자리를 찾고 안정적으로 정착하면서 상권 활성화로 이어지는 '경제의 낙수 효과'를 우리는 목격하고 있다.

유수의 대학이 소재한 지역은 기술력을 가진 인재들이 모여 있는 곳이다. 미국 실리콘밸리나 중국 중관춘도 도시와 어우러져 있다. 서울대가

관악 S밸리
업 네트워킹 데이
관악 S밸리
START UP HERE·RO
의 별이 빛나는 밤
3부
스타트업넷
Startup Network

담장을 허물고, 관악구 여러 곳에 퍼져 있는 18개 창업보육공간과 함께 연결되면 지역경제도 살아날 수 있다.

관악구는 종사자 10명 미만의 소규모 사업체가 95.8%일 정도로 소상공인이 지역경제의 주축을 이뤄왔다. 소비 활성화가 중요한 만큼 지역상권을 활성화하기 위한 정책도 심사숙고하고 있다.

△소상공인 점포 환경개선을 지원하는 '관악형 아트테리어 사업' △온누리상품권 사용이 가능한 '골목형 상점가' △'중소기업육성기금' 및 무이자 융자지원 △2020년부터 2025년까지 총 2672억 원의 '지역상품권' 발행 △'관악사랑상품권할인' 혜택 증대 △최대 30%의 할인 혜택을 제공하는 '관악 땡겨요 상품권' 등이 지역상권 활성화를 위해 관악구가 추진해온 대표적 정책들이다.

나는 단돈 10원이라도 소상공인에게 도움이 된다면 어떤 일이든 추진하겠다는 각오로 골목상권 활성화에 행정 역량을 집중해왔다. 소상공인이 상권의 자생력을 강화해 스스로 성장해나가는 것은 물론이고 골목상권과 전통시장이 지역 경제를 굳건하게 형성할 수 있도록 최선의 노력을 다해왔다.

일자리를 찾아 모인 사람들이 지역에서 소비를 하는 것을 넘어 안전하고 행복하게 살 수 있는 환경을 마련하는 것도 중요하다. 2025년에는 범죄 예방 안전 및 지역 이미지 개선을 위한 예산으로 총 69억 원을 과감히 투입했다. 범죄예방 인프라 확충, 현장 순찰 강화, 1인 가구 안심장비 등 범죄예방 사업, 피해자 지원 등 총 4개 분야 25개 사업으로 분야별 범죄 안전 대책을 추진했다.

나아가 힐링·정원도시 조성에도 나섰다. 축구전용구장·파크 골프장 같은 생활 체육 시설과 관악산 자연 휴양림, 물이 흐르는 별빛내린천과 다양한 분수들, 숲속에 주민들이 모여 체험하고 소통을 할 수 있는 나눔공원 등이 대표적이다. 취임 이후 주민들의 요청이 많았던 공영주차장 확충과 관련해서는 민선 8기에 총 6개소, 398면의 주차장을 확보한다는 목표를 세우고 이를 실현하기 위한 노력을 기울여왔다.

관악S밸리 조성 사업을 차질 없이 추진하고, 주민들의 삶의 질을 높이는 힐링·정원도시를 완성하려면 행정의 일관성과 연속성이 무엇보다 중요하다. 지금 우리 관악은 '혁신 경제'와 '힐링 정원'이 맞물려 돌아가는 거대한 변화의 중심에 서 있다. 나는 이 위대한 도시 공동체를 완성해 내라는 관악구민의 엄중한 명령을 나의 마지막 정치 여정을 바쳐 끝까지 완수하고 싶다.

이데일리 / 2025.10.28.

청년 수도 관악의 심장,
청년 취업·창업 아카데미

관악구는 2025년 11월 5일, 청년들의 취업 및 창업 역량 강화를 위한 통합 지원 플랫폼인 '관악형 청년 취·창업 아카데미'를 개원하고 본격적인 운영에 들어갔다.

우리나라에서 청년 인구 비율이 가장 높은 자치단체인 관악구는 전국 최초의 청년친화도시로 지정된 이후 청년 정책의 핵심 사업으로 청년들의 취업과 창업의 멘토 역할을 체계적으로 수행할 수 있는 교육기관 설립을 추진해 왔다. 그 결실인 '관악형 청년 취·창업 아카데미'는 청년들이 진로 탐색부터 취업·창업 실전 역량 강화에 이르기까지 원스톱으로 지원받을 수 있는 통합 플랫폼으로 기획되었다.

아카데미 운영은 ㈜오픈놀이 맡게 되었다. 총괄책임자와 트랙별 매니저가 관악청년청에 상주하면서 취·창업 및 진로 상담, 교육 프로그램, 네트워킹 등 다양한 과정을 상시적으로 책임진다.

아카데미는 취업트랙과 창업트랙의 두 부문으로 구성되었다. 취업트랙은 서치업Search-up, 스킬업Skill-up, 스텝업Step-up의 3-Up 프로그램을 통해 청년들이 자기주도적 진로 설계, 직무 적합성 향상, 실전 면접 역량 등을 단계별로 지원받을 수 있도록 꾸려졌다. 도전·성장·소셜 트랙, 정보통신기술ICT 및 로컬 특화 트랙으로 운영되는 창업트랙은 지역 기반 창업 인재를 육성함으로써 관악S밸리와 연계한 통합적이고 효과적인 창업 지원 체계를 구축할 수 있게 되었다.

관악구는 관악형 청년 취·창업 아카데미 개소를 계기로 청년들이 진로를 설계하고 창업에 도전하며 지역과 함께 성장할 수 있는 기반을 마련하는 일에 더욱 박차를 가할 방침이다. 아카데미가 성공적으로 정착되면 청년 창업팀 발굴, 지역기업 인턴십, 커뮤니티 프로젝트 연계 등을 통해 관악구의 청년친화도시로서의 위상은 독보적인 수준으로 격상될 것이다.

관악형 청년 취·창업 아카데미는 청년의 도전과 성장을 위한 새롭고 소중한 출발점이다. 나는 이곳에서 배우고 성장한 청년들이 관악S밸리의 모범적 주역으로 자리매김할 수 있을 것이라 확신한다. 아카데미가 청년들의 꿈과 성공을 실현하는 든든하고 믿음직한 디딤돌이 디딤돌이 될 수 있도록 구청장으로서 끝까지 살피고 챙기겠다.

뉴시스 / 2025.11.16.

행정의 일관성과 연속성이
성공적인 벤처 정책을 만든다

관악의 미래 먹거리를 지속가능하게 책임질 차세대 성장 동력 산업의 유치와 성공 여부는 벤처 창업도시의 완성에 달려 있다고 말해도 과언이 아니다. 관련 정책을 지속적으로 추진하기 위해서는 행정의 연속성이 절대적으로 요구된다.

나는 '경제 구청장'을 천명하며 관악구청장에 취임했다. 그러므로 관악S밸리 조성 사업은 내게는 자식을 키우는 일처럼 중요하면서도 운명적이었다. 관악S밸리는 관악구와 서울대가 손을 잡고 관악구를 대학, 기업, 지역이 상생하는 세계적 창업 중심지로 만들기 위한 대표적인 정책 사업이기 때문이다.

현재 관악S밸리에는 600여 개의 벤처·창업기업이 입주해 3,000명 이상의 임직원들이 근무하고 있다. 사업이 첫발을 내디딜 때와 비교하면 매출은 68배, 투자 유치는 43배의 초고속 성장을 달성했다. 이곳에 입주한 기업들이 국제전자제품박람회CES에서 혁신상을 수상한 것으로 증명되듯이 관악S밸리는 해외 시장에서도 충분한 경쟁력을 입증했다. 이러한 놀라운 성장세에 주목한 전국의 창업가들이 관악S밸리의 문을 두드리는 모습에 벅찬 자부심을 느낀다.

관악구는 청년 인구 비율이 전국 1위인 41.4%에 이른다. 그런 이유로 나는 그동안 청년들을 위한 각종 정책을 선제적으로 입안해 집행해왔다. 그 결과 2018년 5400만 원에 불과했던 청년 예산이 7년 만에 236억 원으로 437배 증가했다. 그 결과 2025년 2월에는 대한민국 최초로 '청년친화도시'로 지정되었다.

관악구 소재 지역 일자리를 발굴한 후 이를 지역 내 우수 청년의 취업과 연계하고 선정된 기업에 인건비의 일부를 지원하는 '관악디딤돌 청년일자리 사업', 청년들의 활동과 교류의 장인 '신림동쓰리룸 프로젝트', 2022년 서울시에서는 처음으로 '청년문화국' 신설과 같이 관악구는 청년들의 다양하고 참신한 의견을 수렴해 구의 정책에 밀접하게 반영해왔다.

관악구는 고립 청년과 은둔 청년의 사회 진출과 교류를 활성화하는 데 필요한 지원 작업에도 박차를 가해왔다. 요즘은 취업을 준비하던 청년들이 자칫 고립과 은둔에 빠질 수 있다. 외부와 단절된 청년들을 밖으로 이끌어내 취업 기회와 연결함으로써 청년들의 삶을 실질적으로 변화시키는 정책은 효과적인 경제 정책이자 가슴 따뜻한 복지 정책이기도 하다.

경제에 이어 '힐링·정원 도시' 조성도 놓치지 않았다. 관내를 흐르는 대표적 물길인 도림천은 '별빛내린천'이라는 브랜드를 붙여 시비를 포함한 총사업비 375억 원을 투입해 복원하고 천변에 자전거도로 및 산책로를 만들었다.

'관악산 24 프로젝트'는 관악산 자락에 방치된 자투리땅, 불법 경작지, 그리고 생활 쓰레기 투기 장소 등을 정비하고 단장해 총 24개 근린공원을 조성하는 사업이다. 이 사업으로 현재까지 19개의 공원을 완성할 수 있었다. 2025년 2월에는 낙성대지구에 축구전용구장을, 4월에는 난곡지구에 파크골프장을, 10월에는 관악산 난우공원을 차례로 조성했다.

힐링·정원도시 조성은 청년창업 생태계 구축과 함께 관악의 일상과 삶의 질을 끌어올리는 핵심 정책이다. 이러한 곳은 단순히 녹지 공간의 기능에만 머물지 않고 주민들이 소통하고 여가를 즐길 수 있는 커뮤니티 공간의 역할을 톡톡히 해낼 것이다.

한편, 관악S밸리사업이 청년을 위한 사업이라면 골목상권 지원 사업은 중장년 세대를 위한 정책이라고 할 수 있다. 관악구는 종사자 10명 미만의 소규모 사업체가 관내 사업체의 95.8%를 차지하고 있다. 소상공인이 지역경제의 주축을 이루고 있다. 나는 민선 7기 취임 초부터 "단돈 10원이라도 소상공인에게 도움이 된다면 어떤 일이든 추진하겠다"는 확고한 의지로 골목상권 활성화에 행정 역량을 집중해 왔다.

특히 '관악형 아트테리어 사업'은 소상공인 점포의 내·외부 환경 개선 작업을 지원함으로써 커다란 호응을 받고 있다. 관악구는 2019년을 시작으로 2025년까지 총 2,488개소, 예술가 493명, 81억 원을 지원했다.

이 사업에 관해 소상공인들의 만족도를 조사해본 결과 90% 이상의 응답자들이 '관악형 아트테리어 사업'을 긍정적으로 평가해 주셨다. '가게 운영에 도움이 되었는가'라는 질문에는 무려 96%의 긍정적 답변이 나왔다.

관악구 내 골목형 상점가는 현재 19개소이다. 이는 서울시 자치구들 가운데 가장 많은 숫자이다. 관악구는 이들의 자생력 강화를 위해 온누리상품권 사용과 정부 지원사업 참여 자격을 확보했다.

골목형 상점가 지정은 단지 상권을 활성화하는 차원에만 그치지 않는다. 지역 경제와 주민들의 삶의 질을 획기적으로 향상시킬 중요한 사업이다.

앞으로도 골목상권과 전통시장이 지역 경제의 주축이 되도록 노력하겠다. 나는 민선 7기와 8기 동안 관악구민들이 실질적으로 체감할 수 있는 정책을 만들고 집행하기 위한 노력을 내 나름대로 진정성 있게 실천했다. 이러한 노력과 진정성을 구민들께서 인정해주신 덕분에 2024년 구정 만족도 조사에서 80.3%라는 역대 최고 수준의 구정 지지율을 기록했다. 이는 구민들께서 보내주신 신뢰의 성적표라고 생각한다.

이재명 대통령님의 국정지표인 '먹사니즘이 실현된 경제도시', '잘사니즘이 구현된 머물고 싶은 정원도시'를 확실하게 완성하려면 행정의 지속성과 일관성이 필수적이다.

관악구는 세계적 창업도시의 꿈을 하루라도 빨리 현실로 이룩하고자 낙성대동 272번지 일대 약 7만 3,000㎡ 부지에 '관악S밸리 벤처창업 거점 공간' 조성 사업을 추진하는 중이다. 이와 더불어 옛 289번 버스 종점 부지에는 '서울창업허브 관악' 조성 사업을 추진하고 있다. 특히 '서울창업허브 관악'은 2025년 12월, 서울시 심의를 통과하며 2031년 완공을 향한 로드맵을 확정 지었다. 2031년, 관악의 지도가 바뀌는 그날까지 나는 행정의 고삐를 늦추지 않겠다.

현재 진행 중인 이와 같은 중요한 기반 사업들을 온전하게 마무리하려면 연속적인 행정이 필요하다. 벤처창업 활성화를 통해 지역경제의 선순환 구조를 보장하고, 청년들이 오랫동안 머물고 생활하며 일할 수 있는 도시로 나아가기 위해서는 미래지향적인 첨단 과학기술 관련 산업의 진흥과 육성을 견인해 나가야 한다. 그러한 믿음직한 견인차 역할을 구민들께서 내게 한 번 더 맡겨주실 것을 호소한다.

뉴시스 / 2025.11.17.

관악구와 서울대의
문화예술 영재 육성 콜라보

관악구는 서울대학교의 인재들과 인프라를 활용한 특화 프로그램을 운영해왔다. 이를 통해 청소년들이 문화예술 분야의 주역으로 성장할 수 있도록 지원해왔다.

일례로 서울대학교 미술대학과 협력하여 '관악창의예술영재교육원'을 운영해오고 있다. 단순히 미술교육에만 머물지 않고 인문학, 사회과학, 예술을 통섭하고 융합한 창의적 교육을 통해 협동심과 인성을 겸비한 진정한 미래 인재를 양성하려는 목적에서이다.

해당 교육은 문화예술 활동뿐만 아니라 실생활과도 긴밀하게 연관된 심도 있는 창의영재교육 과정으로 꾸려졌다. 이를 통해 청소년들에게 미래지향적 사고와 유연한 문제 해결 능력을 키워주고자 한다.

제13기 교육은 2025년 5월부터 11월까지 무료로 진행되었고, 현재까지 총 614명의 수료생을 배출했다. 교육과정은 미술을 기반으로 한 인문, 과학, 역사 등 융합형 예술교육으로 구성되었다. 특히 2025년도에는 인공지능(AI)을 활용한 디지털 아트 등의 현대적 요소들과 기법을 과감히 도입해 학생들의 독창적 사고력과 창의적 문제 해결 능력을 강화했다. 이를 통해 학생들은 차세대 문화예술 분야의 리더로 성장할 역량을 키울 수 있었다.

2025년 11월 14일, 서울대학교에서 진행된 제13기 수료식에는 관악창의예술영재교육원 수료생 51명과 수료생들의 학부모, 정의철 서울대 미술대학장, 김형숙 관악창의예술영재교육원장 및 지도교수 등 총 150여 명이 참석하여 수료생들의 성취와 발전을 진심으로 축하했다.

관악구는 앞으로도 서울대와의 긴밀한 관학官學 협력을 바탕으로 청소년들이 미래 예술 인재로 성장할 수 있도록 꾸준하고 체계적인 지원을 이어갈 것이다. 이와 더불어 구민들의 인문학적 소양과 폭넓은 지식 함양을 위한 다양한 프로그램 또한 지속적으로 운영할 계획이다.

문화경제 / 2025.11.19.

과학기술 강국 한국의 꿈나무,
로봇·AI 경진대회에서
미래를 보다

2025년 겨울의 문턱, 관악구청 8층 대강당은 미래 과학 꿈나무들의 뜨거운 열기로 가득 찼다. 관악구는 이곳에서 '관악S밸리 로봇·인공지능AI 경진대회'를 성황리에 개최했다.

이번 대회는 관악구의 벤처 창업 거점 기관으로 지난해 7월 출범한 '관악중소벤처진흥원'이 주관하고, 서울대학교 창업지원단이 협력 기관으로 참여해 행사의 품격을 높였다.

관악구는 자라나는 청소년들이 첨단 과학 기술에 대한 이해와 관심을 높이고, 지역 내 과학·창업 생태계를 체험할 수 있도록 돕기 위해 이 뜻깊은 자리를 마련했다.

경진대회는 초등학생들의 정교한 로봇 조작 능력과 창의적 문제 해결력을 겨루는 '로봇 축구'와 '로봇 농구' 두 종목으로 진행되었다. 모든 경기는 손에 땀을 쥐게 하는 토너먼트 방식의 3판 2선승제로 치러졌으며, 현장에서 대진표를 추첨할 때부터 아이들의 눈빛은 사뭇 진지했다.

초등학교 저학년1~3학년 선수들이 참여한 '로봇 축구'는 상대편 진영 골대에 공을 넣기 위한 로봇들의 치열한 몸싸움으로 응원석의 환호를 자아냈

관악 S 밸리 창업페스티벌
SNU R.A.I.S.E(Robotics-AI-Startup-Experience)
울대 로봇-AI경진대회
SNU
SNU
SNU

다. 고학년4~6학년이 참가한 '로봇 농구' 역시 정교한 컨트롤로 골망을 흔들 때마다 탄성이 터져 나왔다. 관악구 소재 초등학교 재학생 24명의 참가자들은 승패를 떠나 로봇과 하나 되어 축제를 즐겼다.

관악구는 2025년 7월에 문을 연 관악중소벤처진흥원의 출범을 계기로 관악S밸리와 연계한 청소년 창업·기술 체험 프로그램을 운영해왔다. 2025년 9월에 열린 '관악S밸리 창업페스티벌'의 서울대학교 로봇·AI 경진대회에서는 초등학생들이 로봇을 직접 조종해 '스마트팩토리 물류 이송'과 '스마트에너지 이송 프로젝트'를 수행하여 관람객들의 큰 호응을 얻었다.

미래 경쟁력의 핵심 역량 중 하나는 AI를 활용한 로봇이다. 관악의 혁신과 도약을 주도해 나갈 미래 세대인 청소년들이 이번 대회를 통해 첨단 과학 기술을 몸소 체험하고 친구들과의 협동심과 도전 정신을 배웠으리라 믿는다.

고사리 같은 손으로 로봇을 조종하며 눈을 반짝이던 아이들의 모습에서 나는 관악S밸리를 이끌어갈 창의적이고 융합적인 인재들이 무럭무럭 자라고 있음을 확인했다.

사랑스러운 우리 아이들이야말로, 과학기술 강국 대한민국과 혁신 도시 관악을 이끌 주역들이다.

문화일보 / 2025.11.26.

청년 정책의 성공은
꼼꼼한 사후관리에 있다

관악구는 청년들의 취업 경쟁력 향상과 자립 역량 강화를 위한 '청년도 전지원사업' 사후관리 프로그램을 10주에 걸쳐 운영했다. 이 프로그램은 구직을 단념했던 청년들의 취업 의지를 북돋우려는 취지로 기획되었다.

2025년 9월 17일부터 시작된 '청년도전지원사업' 사후관리 프로그램은 관악구와 관악청년청이 공동으로 10주간에 걸쳐 운영했다. 프로그램에 참석한 구직단념 청년들은 취업에 요구되는 실질적인 도움에 만족도가 높았다.

이번 사후관리 프로그램은 실무 중심의 맞춤형 콘텐츠와 교류 중심의 참여형 프로그램 두 가지로 구성됐다. △취업컨설팅 △노션프로젝트 관리 및 기록 소프트웨어 기본과정 1·2 △노션 심화과정 1·2 △사무실무 올인원 1·2 △모의면접 등이 주요 실무 교육 프로그램으로 진행되었다. △원데이클래스 △네트워킹 파티 등이 교류 프로그램으로 꾸려졌다.

프로그램에 참여한 30여 명의 청년들로부터 큰 호응을 얻었는데, 특히 노선 심화과정 1·2의 경우에는 참여자 전원이 '매우 만족'이라고 응답했다.

고용노동부가 주관하고 관악구와 관악청년청이 운영하는 청년 맞춤형 취업 지원 프로그램인 청년도전지원사업은 구직단념 청년을 대상으로 밀착 상담, 진로 탐색, 취업 역량 강화 같은 체계적 지원을 제공해왔다. 나는 이 사업이 단순히 취업 기술만을 가르치는 교육 과정이라고 생각하지 않는다. 이 사업은 잠시 웅크리고 있던 청년들에게 "당신은 혼자가 아니다"라는 사회적 신호를 보내고, 다시 세상 밖으로 나아갈 용기와 희망을 북돋아 주는 '희망 복원 프로젝트'다. 관악구는 청년세대가 직면한 어려움을 면밀하게 살피고, 청년들의 실질적 자립 역량 강화와 안정적 사회 진입을 위해 모든 지원을 아끼지 않았다. 앞으로도 관악구는 맞춤형 정책들을 지속적으로 개발해 추진해나가겠다.

아시아경제 / 2025.11.20.

관악구, 사회적경제 정책평가
'거버넌스 부문 우수상'을 수상하다

관악구는 '제7회 지방자치단체 사회적경제 정책평가'에서 거버넌스 부문 우수상을 수상했다.

'사회적경제 정책평가'는 지방자치단체의 사회적경제 정책의 수립 및 집행에 대한 평가를 통하여 다양한 이해관계자들의 사회적경제 정책에 대한 이해도를 제고하고, 더욱 발전된 정책 수립과 집행 체계를 마련하는 일을 목적으로 하고 있다.

해당 평가는 고용노동부, 사회적경제활성화전국네트워크, 전국 사회연대경제 지방정부협의회에서 공동으로 주최하고 있다. 후원은 한국사회적기업진흥원과 (사)사회적경제활성화지원센터가 맡고 있다.

'제7회 지방자치단체 사회적경제 정책평가'는 전국 17개 광역자치단체 및 226개 기초지방자치단체를 대상으로 진행됐다. △정책 기반 정비 △사회적경제 지원 수준 △사회적경제 정책의 성과 △사회적경제 거버넌스 수준 등 총 17개 지표를 선정 기준으로 삼아 두 차례에 걸친 꼼꼼한 심사가 이뤄졌다.

관악구는 이번 평가에서 거버넌스 체계 구축과 협력 활성화의 성과를 인

정받아 거버넌스 부문 우수상을 수상하는 쾌거를 일궈냈다.

구체적으로 살펴보면, 관악구는 꿈시장 기획단 운영, 민·관 협력 회의, 사회적경제기업 대표 간담회 등을 통해 거버넌스 체계를 안정적으로 구축한 점을 높이 평가받았다. 또한 조직 간의 협력 활성화를 통해 지역 혁신을 성공적으로 이끈 점 역시 거버넌스 부문에서 높은 평가를 받은 것으로 분석됐다.

기존에 운영해온 꿈시장을 확대해 국제정원박람회와 연계한 보라매가든페스타 꿈시장을 운영한 사례에서 입증되듯 민간과 구청이 협력해 추진한 사업들이 의미 있는 성과로 이어진 점을 매우 뜻깊게 생각하고 있다. 관악구는 이번 수상에 만족하지 않고 사회적경제 정책을 선도하는 데 앞으로도 최선을 다하겠다.

뉴시스 / 2025.11.27.

관악청년청, 청년들의 도전을 응원하는
네트워킹 파티 개최

관악구와 관악문화재단이 운영하는 관악청년청은 2025년 11월 20일, 관악청년청 공간에서 청년도전지원사업 이수자들을 대상으로 '2025 관악청년도전지원사업 네트워킹 파티 – NEXT : SCENE'을 개최했다.

2025년 한 해 동안 청년도전지원사업을 통해 도전과 성장을 이어온 청년들이 한자리에 모여 지난 시간을 돌아보고, 새로운 도전의 무대를 준비하자는 취지로 펼쳐진 이날 행사에서는 'NEXT : SCENE'이라는 주제 아래 청년들 사이의 교류와 성장을 촉진하는 다채로운 프로그램이 진행됐다.

행사는 1부원데이 클래스, 저녁 식사, 보드게임와 2부네트워킹 파티로 구성되었다. 1부에서는 '글라스 데코를 활용한 나만의 소품 액자 만들기'를 주제로 원데이 클래스가 진행돼, 참가자들이 작품을 제작하며 소통하는 시간을 가졌다. 뒤이어 저녁 시간에는 식사와 함께 보드게임을 즐기며 자연스러운 교류의 장이 열렸다.

2부 네트워킹 파티에서는 2025년을 돌아보는 회고 프로그램과 더불어 레크리에이션, 베스트 드레서 시상 등의 이벤트가 진행됐다. 참가자들은

2023. 4. 22. (토) 14:00
관악청년청 개관식
관악구
관악청년청

각자의 도전 경험을 공유하고, 앞으로의 여정에 대한 영감을 얻는 기회를 가졌다.

청년도전지원사업은 관악구 청년들의 사회 진입을 지원하고, 심리적·사회적 고립 상태에 놓인 청년들이 지역사회와 다시 연결될 수 있도록 돕는 다양한 역량 강화 프로그램으로 운영되어 왔다. 관악구는 앞으로도 청년의 자립과 참여를 응원하기 위한 맞춤형 정책과 지원 체계를 더욱 촘촘하게 강화할 것이다. 청년들이 지역 사회에서 안정적으로 성장하고, 관악이라는 든든한 울타리 안에서 꿈을 키울 수 있도록 환경을 조성할 계획이다.

단 한 명의 청년도 외로움 속에 홀로 두지 않겠다는 것. 그것이 '대한민국 청년 수도 관악'을 이끄는 구청장으로서 나의 확고한 신념이다.

문화경제 / 2025.11.28.

CES에서 3년 연속으로
관악S밸리의 혁신기술을 선보이다

관악구는 2026년 1월 6일부터 9일까지 미국 라스베이거스에서 열리는 세계 최대 정보기술IT·가전 박람회인 'CES 2026'에 참가하기로 했다.

관악구는 서울경제진흥원과 협력해 CES 2026 서울통합관 내에 '관악S밸리관'을 조성하여 인공지능AI, 로봇, 헬스케어 등 관내 유망 스타트업 5곳이 혁신 기술을 선보일 예정이다.

관악구가 2026년에도 참가함으로써 관악S밸리는 3년 연속 CES 무대를 밟게 되었다. 관악S밸리 입주 기업들은 2022년 '최고혁신상'을 첫 번째로 수상한 것을 시작으로, 2024년과 2025년에 이어 2026년에도 '혁신상'을 수상함으로써 이제까지 총 4회에 걸쳐 CES에서 수상의 영예를 안게 되었다.

관악구는 관악S밸리의 CES 참가 기업들이 꾸준한 성과를 거둘 수 있도록 서울경제진흥원과 연계해 전시 부스, 항공·숙박 바우처, 혁신상 신청비 등을 지원하기로 했다. 이와 동시에 비즈니스 매칭, 현지 미디어 홍보 등의 지원 프로그램도 제공할 계획이다.

CES 2026 참가는 관악S밸리 기업들이 보유한 혁신 기술이 글로벌 무대에서 그 진가가 인정받았음을 증명하는 의미 있는 자리가 될 것으로 기대한다. 관악구는 관악S밸리의 창업 생태계가 유니콘 기업들의 산실 역할을 앞으로도 계속할 수 있도록 체계적이고 아낌없는 지원을 이어갈 것이다.

연합뉴스 / 2025.12.01.

창업도시 관악의 완성을 위한
마지막 도전

나는 관악의 미래 먹거리는 궁극적으로 벤처 창업 도시 완성에 달려 있다고 믿어왔다. 전국에서 청년 인구의 비율이 가장 높음에도 불구하고 창업 불모지였던 관악구를 혁신경제도시로 완전히 탈바꿈시키겠다는 결심을 한 이유였다.

나는 그와 같은 다짐을 민선 7, 8기 관악구청장으로 재임하는 동안 체계적으로 실천에 옮겼다. 그 결과가 '관악S밸리'의 비약적 성장이었다.

이는 구체적 통계 숫자로 뚜렷하게 증명되었다. 이를테면 2019년에는 8억 원대에 지나지 않았던 매출이 2024년에는 565억 원으로 무려 68배 성장하였다. 관악S밸리의 성장은 청년 예산의 증가와 비례한다. 이 기간 동안에 청년 관련 예산이 437배 늘었기 때문이다.

관악구는 대한민국 최초의 '청년친화도시'로 지정되었다. 그러자 관악구의 성공 사례를 벤치마킹하기 위해 전국 18개 지자체가 관악구를 방문했다.

관악구 혁신경제의 심장이자 견인차 구실을 하는 관악S밸리 조성은 청년 인구 비율이 전국 1위이며, 서울대를 품고 있는 관악구가 더 이상 베드타운에 머물러서는 안 된다는 문제의식에서 비롯되었다.

유수의 고등교육기관과 벤처창업 허브의 공존과 상생은 전 세계적인 현상이다. 미국의 스탠퍼드 대학교와 실리콘밸리, 중국의 칭화대학교와 중관춘中關村은 바늘과 실처럼 함께해왔다. 이러한 배경에서 나는 서울대의 축적된 기술력과 젊은 청년 인구를 기반으로 관악구 역시 실리콘밸리와 중관춘 못지않은 '혁신 경제도시'로 성장할 수 있다고 확신했다. 2022년 중소벤처기업부로부터 '벤처기업육성촉진지구'로 지정된 관악S밸리는 낙성벤처밸리와 신림창업밸리를 양대 축으로 하여 18개 창업 거점 공간을 운영 중이다. 이곳에서는 630개의 입주기업과 3,000명의 고급인력이 혁신경제 창달을 목표로 구슬땀을 흘리고 있다. 창업 불모지였던 관악을 혁신경제도시로 탈바꿈시키겠다는 무모한 도전이 찬란한 성과를 거둔 것이다.

관악구는 미국 라스베이거스에서 매해 개최되는 국제전자제품박람회 CES에 2024년부터 관악S밸리관을 독립적으로 설치해 운영하고 있다. 2024년에는 2개 기업이 혁신상을 받았으며, 2025년에는 총 4개 기업이 혁신상을 수상하는 기염을 토했다.

청년과 서울대라는 지역 인프라를 기반으로 하는 자생적 창업생태계 구축과 2020년 서울 기초자치구 최초 200억 원 규모의 창업지원펀드 조성, 그리고 2024년 116억 원 규모의 제2호 펀드 추가 조성은 관악S밸리의 강력하고 효과적인 핵심 성장 전략으로 자리매김해왔다.

2025년 7월에는 서울시 자치구들 가운데 최초로 관악중소벤처진흥원을 출범시켜 초기기업부터 스케일업 단계까지 성장 전 주기를 지원하는 종합 플랫폼을 구축하였다. 창업생태계가 계획대로 완성되면 1,000개 이상의 벤처기업이 관악에 자리 잡을 것으로 예상한다.

나는 창업 생태계 조성을 시작으로 소상공인 지원 강화, 청년정책 확대, 힐링 인프라 구축 등 네 가지 분야에서 주민 행복도를 꾸준히 끌어올렸다. 이러한 노력이 마침내 구민들의 인정을 받아 2024년 구정 만족도 조사에서 80.3%의 높은 수치를 기록했다.

관악구는 소규모 사업체가 관내 전체 사업체의 95.8%를 차지하고 있다. 이러한 절박한 현실을 염두에 둔 나는 단돈 10원이라도 소상공인에게 도움이 된다면 무엇이든 추진하겠다는 각오로, 2020년부터 관악사랑상품권 등 지역상품권 2672억 원을 발행해왔다. 특히 신림역 일대 '별빛신사리 상권르네상스' 사업에 5년간 80억 원을 투입해 해당 상권이 활력을 되찾도록 했다.

혁신경제 정책과 떼려야 뗄 수 없는 관계인 청년정책 분야에서는 청년 예산을 2018년의 5400만 원에서 2025년에는 236억 원으로 437배 증가시켰다. 전국 226개 지방자치단체의 청년정책 롤모델을 관악에서 만들어보자는 심정으로 청년 관련 정책을 고민하고 추진했다. 이는 민선 7기 '청년정책 전담부서' 신설과 민선 8기 서울시 최초의 '청년문화국' 신설로 가시화되었다.

혁신경제의 목적은 먹사니즘의 구현에 있다. 그리고 성공적인 먹사니즘은 구민들의 실질적인 삶의 질을 높이는 잘사니즘과 동반되어야 한다.

나는 이재명 대통령님의 국정철학이기도 한 잘사니즘을 관악에서 선도적으로 실천하고자 다방면으로 입체적인 노력을 기울여왔다.

그 결과 2025년에는 낙성대 축구전용구장과 관악파크골프장을 개장할 수 있었다. 또한 관악산공원 24프로젝트에 따라 24개의 정원공원 조성을 추진하는 중이다.

나는 관악구를 창문을 열면 꽃과 나무가 보이고 시냇물이 흐르는 힐링도시로 거듭나도록 만드는 것을 사명으로 여기고 있다. 힐링도시와 정원도시를 가꾸는 일환으로 별빛내린천 복원사업에 375억 원을 투입했다. 서울 남부권 최초의 자연휴양림도 2027년 준공을 목표로 진행 중이다.

청년 인구 1위 도시에 어울리도록 청년 인재를 육성하고 글로벌 창업 단지 조성 사업 역시 차질 없이 완수하려면 행정의 일관성과 연속성이 절실하게 필요하다. 내가 지방선거 3선 도전을 일찍이 결심한 이유이다.

관악구는 현재 낙성대동 272번지 일대 7만 3,000㎡ 규모의 터전에 '관악S밸리 벤처창업 거점공간' 조성을 추진하고 있다. 구 289번지 종점 부지에는 '서울창업허브 관악' 조성을 추진하고 있다. 거점 공간은 2029년, 창업허브는 2031년 완공을 목표로 하고 있다. 이 두 가지 중요한 사업의 성공을 보장하려면 행정의 연속성과 일관성이 절대적으로 요구된다.

이 두 사업이 2028~2029년에 완성되면 관악의 창업 생태계는 완전히 새로운 단계로 도약하게 된다. 나는 관악의 미래 먹거리 역할을 책임질 기반 사업을 반드시 완수하겠다. 관악S밸리가 글로벌 경쟁력을 갖춘 창업 생태계로 성장할 수 있도록 확실히 완성하겠다. 관악의 화려한 대도약 Quantum Leap을 완성하기 위한 나의 마지막 소임. 그 길에 구민 여러분의 뜨거운 협력과 성원을 간곡히 호소드린다.

아시아투데이 / 2025.12.01.

관악S밸리,
특구 지정의 9부 능선을 넘다

관악S밸리의 '연구개발R&D 벤처·창업 특정개발진흥지구 진흥계획'이 드디어 서울시의 승인을 받았다.

특정개발진흥지구는 2007년 도입된 제도로 전략산업 집적화를 유도·육성하는 데 그 목적을 두고 있다. 관악구는 낙성대동과 대학동 일대 관악S밸리를 활성화하기 위해 2025년 7월 진흥계획을 수립한 다음 산업·특정개발진흥지구 심의위원회의 승인 절차를 밟아왔다.

관악S밸리는 2024년 10월 '특정개발진흥지구 대상지'로 이미 선정된 바 있다. 따라서 이번에 '연구개발R&D 벤처·창업 특정개발진흥지구 진흥계획'이 서울시의 승인을 받음으로써 관악S밸리는 지구 지정을 위한 두 번째 관문까지 성공적으로 넘게 되었다.

최종 지구 지정과 지구단위계획 등이 완료되면 관악S밸리는 건폐율, 용적률, 높이 제한 등 도시계획 규제가 완화됨과 더불어 세제 혜택 또한 받게 된다. 특히 민간 벤처기업 집적시설과 창업 공간 건립이 한층 더 쉬워질 것으로 기대를 모으고 있다.

연구개발R&D 벤처·창업 특정개발진흥지구 승인은 관악S밸리가 서남권을 대표하는 기술창업 거점으로 확고하게 자리매김할 수 있는 튼튼한 발판 역할을 할 것이 확실시된다. 관악구는 관악구를 '대한민국 혁신 창업 도시'로 만드는 목표를 계획대로 착실하게 추진해 나가겠다.

서울신문 / 2025.12.15.

서울창업허브 관악 상상도

소상공인들과 함께한 회복과 성장의 기록

김대중 대통령님부터 이재명 대통령님에 이르기까지, 민주당은 줄곧 '서민과 중산층의 정당'으로서 그 역할을 다해왔다. 소상공인은 이러한 서민과 중산층의 핵심 근간을 이루고 있다. 신대방역 인근 포차거리가 'S특화거리'로 거듭난 일은 민주당이 명실상부한 '서민과 중산층의 정당'임을 다시금 확인시켜 준 의미 있는 성과였다.

축제
행사

전통시장의 생존력,
결국은 자생력과 경쟁력이다

"수해로 우리 사장님들 마음고생 많으셨습니다. 지역상권 활성화를 위해 관악구가 다방면으로 열심히 뛰고 있습니다. 자생력 있는 지역 시장으로 거듭날 수 있도록 구청장으로서 최선을 다하겠습니다."

나는 추석 연휴를 앞둔 2022년 9월 6일, 관악구를 대표하는 전통시장인 인헌시장과 강남골목시장을 차례로 들르며 상인분들께 격려와 응원의 말씀을 드렸다. 강남골목시장의 한 방앗간에서는 참기름과 고춧가루를 사서 에코백에 넣었다. 위기에 직면한 지구의 환경을 지키려는 작은 실천이었다.

나는 방앗간에 이어 떡집과 과일가게 등 다른 점포들을 찾아 상인들께 반갑게 인사를 드리며 추석 명절을 쇠는 데 필요한 물품들을 구매했다.

강남골목시장은 점포 수가 50여 개인 소규모 시장이다. 그동안 전통시장법이나 유통산업 발전법에 따른 상점가로 인정받지 못한 까닭에 지역 시장 활성화 사업의 혜택을 받지 못했다.

관악구는 강남골목시장 같은 소규모 시장을 살리기 위해 꾸준히 노력했다. 이를 위해 2020년에는 관련 조례를 제정해 2,000㎡ 이내 면적에 소상공인 점포가 30개 이상 밀접한 곳을 '골목형 상점가'로 지정할 수 있도록 나섰다.

골목형 상점가로 지정되면 온누리상품권 가맹점으로 등록할 수 있다. 더불어 각종 행사나 편의시설 설치 같은 시장 공모사업에도 참여할 수 있다. 관악구는 소규모 시장의 활성화를 목표로 상인들의 조직화를 지원하고, 개별 점포에 컨설팅을 제공하는 등 다양한 지원책을 마련하여 실시해왔다.

그 결과 미성동 도깨비시장, 난곡 골목형 상점가, 관악 중부시장을 시작으로 강남골목시장, 영림시장 등을 차례로 지정했다. 그리고 2025년 12월 현재, 관악구는 서울시 자치구 중 가장 많은 19개소의 골목형 상점가를 보유한 명실상부한 '골목상권 1번지'가 되었다.

관악구는 기존의 전통시장에 활력을 불어넣는 데 필요한 사업도 의욕적으로 추진해왔다. 내가 당시 방문했던 인헌시장의 경우에는 점포별 현장 조사와 의견수렴 작업을 거쳐 판매대 개선 사업을 실시하였다. 전통시장 경영 현대화에 요구되는 장보기 배송 서비스와 온라인 장보기 주문 서비스도 아울러 지원하였다.

또한, 코로나19 팬데믹과 고물가 위기 속에서 상인들을 지탱해 준 것은 바로 지역 화폐였다. 관악구는 2020년부터 2025년까지 총 2,672억 원 규모의 '관악사랑상품권'을 발행해 지역 내 소비가 도는 선순환 구조를 만들었다.

명절마다 진행한 페이백 이벤트나 경품 행사 역시 시장에 손님을 끌어모으는 효자 노릇을 톡톡히 했다. 일정 금액 이상 구매 시 온누리상품권을 증정하는 행사는 주민들에게 '장 보는 재미'를 되찾아 주었다.

전통시장이 살아남는 길은 결국 개별 시장마다 고유의 자생력과 경쟁력을 확보하는 데 있다. 위기는 언제든 다시 올 수 있다. 하지만 관악구는 시장 상인들이 그 어떤 파도에도 휩쓸리지 않도록, 가장 튼튼한 방파제이자 든든한 파트너가 되어 줄 것이다.

서울신문 / 2022.09.13.

스타 점포들을 위한
'아낌없이 주는 나무'가 되겠다

"10원이라도 도움이 된다면 언제든지 와야죠."

나는 2022년 12월 2일 오후, '뻔이네 곳간'에 들러 사장님과 이야기도 나누고, 직접 제품도 만들어본 다음 제8기 민선 관악구청장의 막중한 책무를 되새겼다.

'뻔이네 곳간'은 애견용 수제 간식을 만들어 판매하는 가게이다. 이곳은 2022년 7월 관악구가 '골목상권 핵심점포 지원사업' 대상으로 선정한 네 곳 중 하나다. 이제는 관악구는 물론이고 전국에서 주문이 몰리는 '스타 점포'로 확실히 자리를 잡았다.

'뻔이네 곳간'은 관악구청의 지원 아래 블로그와 인스타그램, 유튜브 등을 통한 온라인 마케팅으로 승부를 걸었다. 이러한 전략이 주효해 창업 2년 만에 포털 검색어 상위권에 이름을 올릴 정도가 되었다. 사장님은 전국에서 쇄도하는 제품 주문과 애견 간식 강좌 수강 신청으로 눈코 뜰 새 없을 정도로 바쁘다. '뻔이네 곳간' 사례는 간판을 교체하고 내부 시설을 개선하는 등 통상적인 골목상권 지원 범위를 뛰어넘어 제품의 특성에 착안한 맞춤형 지원 정책의 성과라고 할 수 있겠다.

나는 이날 청룡동 시장골목 초입에 위치한 '녹두아씨'도 방문했다. '녹두아씨' 또한 관악구의 전폭적 지원 아래 '스타 점포'로 떠올랐다. '녹두아씨'를 운영하는 사장님께서는 구청의 도움이 컸다며 거듭 감사하다는 말씀을 해주셨다. 나는 사장님의 과분한 인사에 몸 둘 바를 몰랐다.

'녹두아씨'는 구청 직원들과 컨설팅 전문가들이 참여해 새롭게 단장한 간판과 실내조명, 그리고 참신한 디자인으로 구성된 메뉴판 덕분에 손님이 늘어나고, 매출이 눈에 띄게 올랐다고 한다. 이뿐만이 아니다. 주변 점포들도 '녹두아씨'의 인기로 덩달아 손님이 늘어났다고 한다.

관악구 '골목상권 핵심점포 지원사업'은 지역 특성을 제대로 포착한 것이 주효했다. 관악구 내 골목상권의 중요한 특징은 1억 원 미만의 비교적 적은 자본으로 진입이 가능한 저평가 지역이라는 것이다. 그에 비해 유동인구가 많고 온라인 마케팅을 활용해 시장을 전국적으로 확장할 수 있는 가능성이 크다. 경리단길과 샤로수길 등 서울의 주요 신흥 상권들이 그랬던 것처럼 관악구 내의 10여 개 골목상권들도 서울의 대표 상권으로 발돋움할 수 있는 저력과 잠재력이 충분하다.

관악구는 지하철 2호선 '서울대입구역' 주변의 낡은 시장과 여관 골목을 일명 '샤로수길'이라는 유명 상권으로 성공시킨 노하우를 가지고 있다.

나는 관악구의 미래가 소상공인의 발전에 있다고 굳건하게 확신한다. 관악구는 종사자 수 10명 미만의 영세업체가 94%를 넘을 정도로 소상공인들이 지역경제의 주축을 이루고 있다. 나는 단돈 10원이라도 소상공인에게 도움이 된다면 무엇이든 하겠다는 마음으로 최선을 다해왔다.

관악구가 2021년에 권역별 골목상권 활성화 계획을 마련한 것도 이러한 배경에서였다. 관악구는 5개 권역별로 2개소씩 모두 10개 골목상권을 조성하고 기존 전통시장 등과 협업해 시너지 효과를 창출해왔다. 36억 원의 예산이 투입되었는데 영업 현장에서 발현된 실제 효과는 그 이상을 훌쩍 뛰어넘었다.

그 결과, 내가 찾은 '스타 점포'들은 관악구 골목상권 육성 정책의 믿음직한 거점이자 전진기지 역할을 해왔다. 나는 온라인 판로 확대로 골목상권을 이끄는 자생력 있는 스타 점포를 만들면 주변 상권도 함께 살아날 수 있다는 신념을 견지해왔다. 여러 스타 점포들은 이러한 신념이 반영된 결실이자 성과물이라고 생각한다.

관악구 곳곳에서 빛나고 있는 스타 점포들은 바로 그 신념이 틀리지 않았음을 증명하는 빛나는 훈장이다. 관악의 골목은 이제 서울에서 가장 활기찬 황금기를 맞이하고 있다.

해럴드경제 / 2022.12.05.

막걸리 한 잔과
술 익는 관악구

"시골에서 먹던 막걸리에 탄산하고 설탕을 추가한 맛입니다. 계속 마시다가는 너무 취할 것 같습니다."

"제품 출시를 준비하면서 직원들이 각각 10병씩은 마셨습니다. 특히 젊은 직원들이 좋아했습니다."

"저도 청년이 맞나 봅니다. 너무 맛있습니다."

언론이 보도한 막걸리를 마셔본 사람들의 한결같은 반응이다. 관악구는 별빛신사리 상권을 대표할 수 있는 특화상품으로 막걸리를 출시하고 막걸리와 궁합이 맞는 먹거리도 같이 판매했다.

나는 물론이고 구청 공무원들까지 난데없는 막걸리 삼매경에 빠져들었다. 세련된 디자인의 병에 담긴 뽀얀 막걸리에는 별빛신사리 상권을 널리 홍보할 특화상품인 '마크홀리 별빛신사리 7.0'이라는 브랜드가 붙었다.

전통시장을 위시해 인근 상권을 대표하는 음식을 선정한 다음 이를 식재료와 양념 꾸러미가 담긴 밀키트로 포장해 막걸리와 함께 판매에 들어갔다. 봄기운이 완연하게 무르익을 때 관악구도 막걸리와의 사랑에 푹 빠졌다.

관악구는 2023년 3월 26일까지 시민들을 대상으로 별빛신사리 특화 막걸리를 홍보하는 깜짝 매장을 열었다. 같은 달 10일에 서원동 상점가에서 시작해 성동구 성수동에 이어 25일과 26일에는 종로구 재동 전통주갤러리에서 시민과 관광객들을 각각 만났다. 행사장을 찾은 시민들은 막걸리를 맛보고 식재료·양념 꾸러미도 저렴하게 구입할 수 있었다.

관악구는 2020년부터 2025년까지 지하철 2호선 신림역 일대 6만 1,906㎡ 면적에서 별빛신사리 상권 르네상스 사업을 추진해왔다. 별빛신사리 상권은 지하철역 3·4번 출구와 맞닿은 순대타운을 중심으로 하는 서원동 상점가부터 별빛내린천도림천 관악구 구간 건너편 신원시장과 관악종합시장까지를 포괄하고 있다. 그런데 최근 시민들의 소비성향이 바뀌면서 상권이 크게 위축되고 고객 이탈이 심각한 상태였다. 그러나 이곳은 이제 별빛신사리라는 새로운 이름을 걸고 서울시 대표 상권으로 거듭나는 반전의 드라마를 써 내려갔다.

관악구는 별빛신사리를 대표하는 상징물을 설치하고 낙후된 시설물을 교체했다. 더불어 고객 편의시설을 확충해 상권의 이미지부터 바꿨다. 또한 별빛내린천을 정비하고 볼거리와 즐길거리를 추가하고 별빛산책조명축제을 정례화해 사람들의 발길을 자연스럽게 유도했다. 특히 마케팅 지원단을 다양한 연령대로 구성하여 사회관계망을 통한 상권 인지도를 높이는 성과를 거뒀다.

관악구는 서울신용보증재단과 손잡고 개별 점포용 특화 먹거리와 배달 상품, 상권 전체를 대표할 수 있는 특화상품을 개발하는 데 힘을 쏟아왔다. '별빛신사리 7.0'은 그러한 노력이 탄생시킨 결실이다.

관악구는 먹거리가 풍부한 상권의 특성을 각별하게 고려해 동네를 대표할 특화상품으로 막걸리를 선택했다. 주요 양조장과의 개별 면담과 면밀한 시장 조사, 업계와의 협약, 내부 시음회 등에 이어 식약처 등록까지 마무리하고 본격적인 출시에 들어갔다. 판매금액 중 1%는 상권 활성화에 재투자하고 있다.

상권 내 점포들이 협업할 수 있도록 막걸리와 어울리는 음식으로 밀키트도 개발했다. 맛으로 소문난 신림동 백순대 볶음과 홍어무침, 사골떡국이다. 식재료와 양념, 조리법까지 담은 꾸러미 상품으로 막걸리와 함께 판매한다. 청년층이 즐겨 먹는 서양 음식 등 7종 특화 메뉴는 관악구는 물론 인근 자치구까지 배달해 막걸리와 함께 즐길 수 있게 했다.

3월 19일까지 계속된 시음회에 참여한 고객들 반응은 무척이나 호의적이었다.

"맛이 힙하다개성 만점에 강하고 새로운 풍미를 추구한다", "순대와 너무 잘 어울린다", "깔끔한 맛이다" 등 긍정적인 평가를 받았다.

그동안의 땀 흘린 결실이 시음회의 좋은 평가로 이어져서 기쁘고 보람찬 마음이다. 관악구의 전통과 정성으로 빚어진 고유한 상표의 막걸리 출시가 별빛신사리 상권의 매출 신장과 지역경제 활성화로 이어질 수 있기를 바라며 앞으로도 새로운 먹거리를 지속적으로 개발하고 홍보 창구를 다양화해 나가겠다.

매일신문 / 2023.03.23.

물고기도 주면서
물고기 잡는 법도 가르쳐주는 관악구

추석 연휴를 앞둔 2023년 9월 25일, 구청 직원들과 함께 명절 상차림을 위한 장보기에 나섰다. 난곡동 난곡 골목형 상점가를 비롯해 삼성동시장, 행운동 관악중부시장을 차례로 들러 밤과 대추 등을 사면서 시장 상인들과 격의 없는 대화를 나누었다.

경기 침체와 물가 상승 등 여러 가지 어려움이 복합적으로 겹치면서 시장을 찾는 손님들의 발길이 뜸해졌다. 이런 때일수록 구정의 최고책임자인 구청장이 시장 상인들의 어려움과 고충을 경청해야 한다는 것이 내 소신이다.

관악구청은 전통시장 활성화를 위해 주민과 상인이 함께하는 문화 동아리나 계절별 대표 상품을 소개하는 팝업 스토어를 여는 등의 이벤트를 지원해 왔다. 당시 나는 앞으로도 전통시장의 경쟁력과 자생력을 강화할 수 있는 다양한 사업을 지속적으로 발굴해 추진하겠다고 상인분들께 약속드렸다.

관악구는 전통시장 육성을 위한 기반을 조성하는 데 꾸준히 힘써왔다. 지역 문화·관광 자원을 연계해 시장으로의 유입 인구를 늘리는 동시에 상인들의 역량을 강화하고 시설을 현대화함으로써 전통시장에 대한 기존의 낙후된 이미지를 개선해 나가고 있다. 전통시장을 방문한 뒤 후기를 공모하는 온라인 이벤트도 상시 운영하고 있다.

관악구는 2024년부터 4개 시장을 대상으로 시장 상인회가 각 시장과 상권의 특성을 반영해 자율적으로 수립한 사업 계획을 전폭적으로 지원하였다. 전통시장 홍보와 상인회 행정 업무를 돕는 '전통시장 매니저'의 숫자도 5명에서 9명으로 증원해 운영의 내실을 다졌다.

이와 함께 관악구는 현행법상 상점가로 인정받지 못해 지원 대상에 포함되지 못한 소규모 시장들을 '골목형 상점가'로 지정하고 개별 점포들을 대상으로 컨설팅과 상인 교육을 실시하고 있다. 그 일환으로 미성동 도깨비시장을 비롯해 난곡 골목형 상점가 등 지정된 모든 곳에서 컨설팅 서비스와 교육 프로그램을 운영해 왔다.

관악구는 상인들께서 어려운 경제 상황을 이겨낼 수 있도록 전통시장을 위한 각종 지원책을 강화하고 실질적인 도움을 주기 위해 앞으로도 최선을 다하겠다.

서울신문 / 2023.09.28.

신대방역 포차거리
'S특화거리'로 거듭나다

서울 관악구 신대방역 인근 무허가 포차거리는 오랫동안 동네의 '뜨거운 감자'였다. 안전과 위생은 불안했지만, 상대적으로 저렴한 가격 때문에 주머니 가벼운 지역 주민들이 이곳을 자주 찾기 때문이다.

그랬던 신대방역 포장마차 거리가 안전 기준을 충족한 가게들로 재탄생했다. 노점 주인의 생존권은 보장하면서 보행자의 안전도 지키는 상생 방안인 '관악S특화거리'를 조성한 덕분이었다.

나는 2024년 5월 24일, 지하철 2호선 신대방역 2번 출구에서 진행된 관악S특화거리 준공식에 참석했던 그날의 감격을 잊을 수가 없다. 허심탄회하게 마음을 열고 노점상 운영자들과 함께 고민한 결과 생계형 노점의 먹고사는 문제와 화재 등 안전사고 문제를 동시에 해결함으로써 편안하고 깨끗한 거리로 거듭나게 된 것을 축하했다. 많은 사람의 협조와 도움으로 40년 묵은 숙원사업을 마침내 해결할 수 있었다.

당시 준공식에는 노점 주인이 참여한 상생협의체 위원들과 주민 등 60여 명이 자리를 함께하며 S특화거리의 개막에 환영의 뜻을 보냈다. S특화거리의 'S'는 '신대방역Sindaebang Station', '안전Safety한 보행환경', '주민과 상인의 미소Smile'라는 세 가지 의미를 골고루 담았다.

1984년 지하철 개통과 함께 하나둘 늘어나기 시작한 신대방 노점은 16 곳까지 늘어났다. 그러나 무허가였기에 전기와 가스 등의 안전사고 발생 위험이 꾸준히 제기돼 왔다. 당시에는 시설 노후에 대한 우려도 높았다. 이에 관악구는 2022년 초부터 노점 상인들과 대화를 시작해 모두가 상생할 수 있는 타협안을 도출해냈다. 전체 회의와 대표자회의, 개별 면담과 100여 차례가 넘는 실무협상을 거친 결과 노점 상인과 주민들, 그리고 학자와 전문가들이 두루 참여한 '상생협의체'를 구성했다.

관악S특화거리는 기존의 천막 시설 대신 통일된 디자인의 철제 가게를 조성했다. 노점 면적을 조정해 주민들을 위한 공동쉼터도 마련했다. 낡은 보도와 난간 등도 정비해 행인들의 안전에도 신경을 썼다. 이를 위해 총 3억 원 규모의 사업비가 투입되었다.

무허가 노점 정비를 마친 거리가게는 이후 허가제로 운영되도록 했다. 단 한 건의 안전사고와 노점 상인과의 마찰도 없이 철거가 완료된 일은 기적에 가까웠다. 관악구는 디자인이 가미된 특화거리를 조성해 신대방역 포차 거리를 관악구의 대표 명소로 성공적으로 키워냈다.

신대방 포차는 의자에 앉아 창밖의 도림천을 바라보면서 즐기는 닭꼬치 요리로 유명하다. 미식과 풍경이 어우러진, 입과 눈이 즐거운 장소이다. 이곳에서 30년 가까이 포장마차를 운영해온 한 상인은 원래는 포차 정비를 반대했지만, 제도권에 진입해 상하수도와 전기 등을 이용하면서 장사할 수 있다는 생각에 마음을 바꿨다고 했다. 그는 지금도 주민들과 소통하며 쾌적한 환경을 지키며 열심히 장사하겠다며 웃고 있다.

서울신문 / 2024.05.31

강감찬 관악
관악 대정
40년된 신대방역 일대 노점
주민과 상생의 관악S특화거리로 변
4. 5. 24.(금)
으뜸 관악구
관악S특화거리 공동심

민생경제 지원에도
골든타임이 있다

"연말연시에도 꽁꽁 얼어붙은 민생 경제를 돕기 위해 지원 사업의 규모를 확대하고 조기에 집행하려고 합니다."

나는 2024년 12월 30일 오전, 관악구청에서 열린 '민관 합동 민생경제 간담회'에서 이와 같이 강조했다. 윤석열 정권의 내란 사태로 불안해진 민생경제를 살리기 위한 대책을 논의하자는 취지로 마련된 이날 간담회에는 서울상공회의소 관악구상공회·관악구 소상공인연합회·소상공인시장진흥공단 관악센터·서울신용보증재단 관악지점 관계자 등 지역 경제단체장 7분이 참석해주셨다.

관악구는 내란 발생 일주일 만인 12월 10일, 민생안정 대책반을 신속하게 구성했다. 대책반은 7대 분야, 30개 사업으로 구성된 종합대책을 마련해 보고했다. 관악구는 즉각 행동에 나섰다. 중소기업육성기금 융자 지원을 기존 40억 원에서 50억 원으로 증액하고, 지역밀착 특별신용보증 출연금도 종전의 12억 5000만 원에서 25억 원으로 대폭 늘려 자금난에 처한 소상공인들에게 긴급 수혈을 했다.

또한 관악구는 내수 소비 진작 효과가 확실히 검증된 '관악사랑상품권'

을 400억 원 규모, 할인율 5%로 책정해 이듬해인 2025년 1월 14일 신속하게 발행했다. 특히 구 예산을 활용한 '페이백 이벤트'를 열어 예산 소진 시까지 결제 금액의 최대 5%를 추가로 지급해 얼어붙은 소비 심리를 녹였다. 공공 배달앱인 '땡겨요' 전용상품권도 기존 5억 원에서 10억 원으로 두 배 늘려 골목 상권의 숨통을 틔웠다.

아울러 구청의 구내식당 휴무일을 월 1회에서 2회로 조정해 직원들이 지역 상권을 이용하도록 했다. 그동안 전통시장 활성화를 위해 개최해온 골목상권 축제도 연 4회에서 7회로 확대해 성공적으로 치러냈다. 당시 7대 분야 민생 대책에는 460억 800만 원의 예산이 투입되었다.

당시 간담회 참석자들은 라이브 커머스 방송 활성화와 주차 여건 개선 필요성 등을 제기했다. 동시에 코로나19 사태 이후 임대료가 높아졌다는 고충도 토로했다. 나는 이분들의 목소리를 하나도 놓치지 않고 메모하여 이후 구정에 충실히 반영했다.

나는 민선 7기 관악구청장에 취임한 직후부터 지역경제 활성화를 적극적으로 추진해왔다. 민심은 천심이라고 했다. 소상공인들의 간절한 목소리에 언제나 겸허하게 귀 기울이며 민생의 최후의 보루로서 책임을 다할 것이다.

서울신문 / 2024.12.31.

더 안전하고 쾌적해진
관악구의 전통시장

나는 설날 명절을 앞둔 2025년 1월 20일 오후, 삼성동시장에 들렀다. 삼성동시장은 50년 역사를 자랑하는 관악구의 유서 깊은 전통시장이다. 당시 시장 상인회에서는 김수남 회장, 이정희 부회장, 송재찬 총무 등이 함께해주셨다.

나는 시장 곳곳을 둘러보며 살수 설비부터 불꽃 감지기에 이르기까지 화재를 방지하고 진화하는 안전장치들을 집중적으로 점검했다. 명절준비를 위해 고객들이 몰린 상황에서 자칫 발생할지 모를 화재 등의 안전사고를 사전에 예방하려는 차원에서였다.

나는 화재안전 점검에 더하여 2024년 연말부터 민간과 공공이 힘을 모아 추진하고 있던 '민생안정 대책'이 정상적으로 가동하고 있는지 살폈다.

당시는 윤석열 정권의 12·3 내란 여파로 인해 골목 경제가 꽁꽁 얼어붙었던 시기다. 위축된 골목 경제에 온기를 불어넣기 위해 관악구는 주민들의 의견을 수렴해 7대 분야에 걸쳐 30개 대책을 마련했다. 이는 소상공인 경영지원과 소비 촉진, 전통시장 소비 활성화와 안전관리 등이 대책의 골자였다. 소상공인연합회 상공회, 전통시장상인연합회 같은 경제

관련 단체들과 기관들이 구청과 머리를 맞대고 노력한 결과물이었다.

평소에 전통시장을 거의 이용하지 않는 사람들이라도 명절 즈음에는 찾아가게 마련이다. 그러나 당시 윤석열 정권의 무도하고 불법적인 비상계엄은 가뜩이나 어려운 서민경제에 직격탄을 날렸다. 그랬기에 나는 어려움에 처한 상인들을 위로하고 격려하기 위해 현장을 살피고 주민들의 동참을 요청하기로 했다.

나는 27개 시장들 가운데 유일하게 '무등록'으로 남아 있는 삼성동시장을 첫 번째 방문지로 선택했다. 삼성동시장에는 120개 점포가 영업을 하고 있다. 이곳은 경전철 신림선 인근에 위치한 터라 이용하는 주민들이 많음에도 불구하고 아직까지 전통시장 등록이 돼 있지 않아 여건이 취약했다. 무등록 시장이기 때문에 정부와 서울시의 각종 지원을 받지 못할 뿐 아니라 오래된 점포들이 밀집돼 있어 안전사고의 위험도 컸다.

다행히 구청의 선제적인 지원으로 최근 시장 전체에 살수관과 스프링클러, 불꽃감지기 등이 설치되었고, 17군데에 소화기가 비치되었다. 무엇보다도 상인들의 안전의식과 대비태세가 철저해졌다. 시장의 비상소화장치 인근에서 점포를 운영하는 한 상인은 "고무관을 펼치면 시장 끝까지 물을 댈 수 있다"면서 "안전교육을 철저히 받았다"고 화재 예방에 대한 자신감을 피력했다.

삼성동시장을 들른 다음에는 최근 두 개의 시장이 연합해 정부 '문화관광형 시장' 사업을 따낸 청룡동으로 향했다. 봉천제일종합시장과 봉리단길 골목형 상점가에서는 박정석 회장과 이호진 부회장께서 구청장과 상인들 간의 간담회 자리를 마련해주셨다.

박정석 회장께서는 코로나19 시기를 지나며 경기가 완전히 바닥이 난 상태라고 탄식을 터트렸다. 박 회장은 그래도 관악구에서 적극적으로 지원해 준 덕분에 문화관광형 시장에 선정됐다며 감사를 표했다. 그리고 관악S밸리 입주기업 구성원들이 자주 찾을 수 있도록 시장 환경을 정비하고 주민들 역시 시장이 달라졌다고 느끼게끔 변화시켜 경기를 회생시키겠다는 강력한 의지를 표명했다.

이호진 부회장께서는 시설 현대화 등 서울시 지원을 얻는 일에 다시 도전하겠다는 계획을 밝히며 관악구 내의 전통시장들에 대한 지속적 관심과 응원을 부탁하셨다.

힘든 시기일수록 민과 관이 굳게 손을 잡아야 한다. 상인들의 의지에 공무원들도 신속하게 대응했다. 공무원들은 '지역상권 이용의 날'을 통해 구청 본청과 보건소까지 모든 부서가 물품 구매나 간담회 때 지정된 동에 자리한 시장과 점포를 이용하기로 했다. 아울러 구내식당 휴무일을 두 배로 늘려 그날은 관내의 음식점을 찾아갔다.

지역 경제를 살리려면 돈이 원활하게 돌아야 한다. 나는 약속대로 '관악사랑상품권'을 확대 발행하고 각종 발주 사업을 최대한 당겨서 조기 집행했다. 내란으로 빚어진 극심한 혼란기를 극복하기 위해 지역경제와 민생을 챙기는 일이 가장 우선시 되어야 했기 때문이다. 나는 '경제 구청장'이 되겠다고 구민들과 약속했기에 상인과 주민들에게 단돈 1원이라도 도움이 되도록 초심을 지키며 앞으로도 계속 열심히 뛸 것이다.

내일신문 / 2025.01.22.

시중은행과 손잡고 소상공인에 194억
'특별 신용보증'을 하다

"장기화된, 소비 위축으로 어려운 민생경제 현실에 '사막의 오아시스'처럼 반가운 소식이 될 것입니다."

나는 2025년 4월 8일, 관악구청장 회의실에서 시중은행 관계자들을 만나 신용보증재원 특별출연에 대해 진심 어린 감사를 표하며 이같이 말했다. 이날 회의는 중소기업, 소상공인 대상 특별보증을 위해 관악구와 우리은행, 하나은행, 신한은행이 각각 자금을 출연하기로 뜻을 모으는 자리였다. 총 보증 한도는 193억 7500만 원이었다. 관악구가 1억 원, 우리은행이 10억 원, 하나은행이 3억 원, 신한은행이 1억 5000만 원을 각각 모아 재원을 마련하고 신용보증재단이 보증하는 구조였다. 나는 특별보증이 경기침체로 인해 자금 조달에 어려움을 겪고 있는 관내 중소기업 및 소상공인의 경영 안정에 따뜻한 온기가 되기를 바란다는 기대감을 전했다.

최항도 신용보증재단 이사장은 이날 협약식에서 "관악구가 종잣돈을 마련하고 관련 금융기관을 설득한 게 가뭄에 단비 역할을 할 것"이라며 관악구청의 활동을 높이 평가했다. 최봉계 우리은행 남부영업본부장은 "관악구 구 금고 은행으로서 지역경제를 위한 헌신에 보탬이 되고자 한다"

관악구 우리은행 하나은행 신한은행 서울신용보증재단
지역경제 밀착지원을 위한 특별출연 업무협약식
| 일시 : 2025. 4. 8. (화) 15:00 | 장소 : 관악구청 5층 구청장 회의실

는 포부를 밝혔다.

중소상공인을 위한 관악구의 신용보증 한도는 2023년 62억 원 규모에서 2024년에는 193억 7500만 원으로 대폭 증가했다. 2025년 2월 말 기준 업종별로는 숙박·음식점업, 도·소매업이 31.64%, 25.86%를 각각 점유했다. 김상수 서울상공회의소 관악구상공회 회장은 "시중금리보다 낮은 금리의 신용보증에 대해 중소상공인들의 관심이 높다"는 반가운 분석과 전망을 내놓았다.

나는 언제나 '경제 구청장'을 표방해왔다. 말보다 중요한 것이 실천이므로 2024년 말부터 관악구청에 '민생안정대책반'을 운영해오면서 다양한 지역경제 활성화 대책을 시행해왔다. 중소기업육성기금 융자 지원의 경우에는 50억 원까지 규모를 확대하고, 이 가운데 35억 원을 긴급 지원했다. 공공 배달앱 '땡겨요' 전용 상품권의 경우 10억 원 가운데 5억 원을 1월에 집중적으로 발행해 일주일 만에 완판되었다.

관악구는 전통시장과 골목형 상점가 등 골목상권 활성화를 전략적으로 지원해왔다. 2024년 선정된 서울시 공모사업 '샤로수길 로컬브랜드 상권 육성사업'으로 2026년까지 30억 원을 서울시에서 지원받게 되었다. '별빛신사리 상권르네상스 사업'은 매출과 유동인구 모두 크게 늘어 성공적 사례로 평가된다.

나는 상권의 부활 없이는 지역 경제 부활도 없다고 확신한다. 12척의 전선을 이끌고 왜적에 맞서던 충무공의 마음으로 지역상권의 부활을 위해 생즉사 사즉생生卽死 死卽生의 각오로 끝까지 나서겠다.

문화일보 / 2025.06.23.

지역 상권 살린
개성 만점의 관악구 지역 축제

2025년 6월 20일과 21일 양일간 관악구에서는 골목상권 및 전통시장 축제가 열렸다.

축제 첫날인 20일에는 지하철 2호선 서울대입구역 인근 샤로수길에서 '청춘오락실' 행사가 진행됐다. 펀치, 다트, 두더지 게임 등 오락실 게임기를 갖춘 '뿅뿅! 추억머신오락' 코너에는 대기 줄이 길게 늘어섰다. 미국 동북부 아이비리그 명문인 예일대와 코넬대에 다니는 유학생들까지 축제 소식을 듣고 찾아와 무척이나 즐거워했다.

샤로수길 한복판 '청춘난장' 무대에서는 청년 밴드의 버스킹 공연이 펼쳐졌다. 나는 그 뜨거운 현장을 찾아 상인들과 방문객들을 맞았다.

국제통화기금IMF 구제금융 때보다 어렵다고 할 만큼 민생경제의 상황이 녹록지 않기에 관악구는 다양한 지원 정책을 마련했다. 관악구의 상권은 무궁무진한 성장 가능성을 품고 있다. 이를테면 보라매공원에서 열리고 있던 서울국제정원박람회와 유기적으로 연계하는 것 역시 지역경제를 활성화할 수 있는 좋은 방안이다.

공교롭게도 행사 전날 폭우가 내린 터였다. 폭우의 여파로 행사 규모가 다소 축소되기는 했지만 신림역 인근에서는 '신림별빛거리 네온 페스티벌'이 열렸다. 전통시장 중에서는 '관악신사시장'이 이틀간 축제를 진행했다. 새로운 이재명 정부의 출범을 계기로 경제를 반드시 살리겠다는 상인들의 굳센 의지 앞에서는 거세게 쏟아지는 굵은 빗줄기조차 축제를 막지 못했다.

서울신문 / 2025.04.14.

24시
무인
탁
구
장
지하
청춘오락실
★뿅뿅★
사로수길 청춘들의 다섯가지 즐거움
먹거리·볼거리·추억의 오락
사로수길 상권활성화 로컬이벤트
뿅뿅
오락실
이장
오락실
★뿅뿅★
오락실
↑
2025 사로수길 로컬이벤트
행사구간
서행해 주세요

구청장 재임 7년간의
보람과 성취

"박준희 관악구청장이요? 관악의 큰아들, 일 잘하는 효자라고 부릅니다."

민선 8기 3주년을 맞아 2025년 7월 1일, 서울 관악구청에서 열린 토크쇼 '구민에게 듣습니다. 관악의 오늘, 그리고 내일'에서 행사의 사회를 맡은 서경덕 성신여대 교수가 '구청장을 어떻게 평가하느냐?'라고 묻자 한 어르신께서 "벤처를 키우고 청년 일자리를 만들기 위해 애쓰고, 전통시장도 활성화해 좋다"며 과분한 덕담을 해주셨다. 나는 "앞으로 두 배로 더 열심히 뛰겠다"는 말로 진심 어린 감사를 전했다.

토크쇼는 벤처창업, 지역상권, 청년, 청정환경, 문화, 교육, 안심안전 등 다양한 분야에서 관악의 변화를 함께 지켜본 구민 200여 명이 참여해 성황을 이뤘다. '관악구의 주인은 구민'이라는 나의 평소 신념대로 3주년 행사는 10대부터 80대까지 모든 연령대의 구민들이 그간의 소회와 의견을 직접 밝히는 방식으로 진행됐다. 최연소 참가자로 어린이 교육 프로그램 '리틀 강감찬' 3기 단원이기도 한 이루리 군은 '꿈의 무용단'에서 갈고닦은 춤 솜씨로 분위기를 흥겹게 띄웠다. 관악이 '청년이 머무르고 싶은 도시'가 될 방법을 고민하는 박희선 관악청년청장부터 체험학습이 안전하게 진행되도록 돕는 '학부모 안전지원단원'까지 구정에 대한 솔직하고 가감 없는 평가의 의견이 봇물처럼 쏟아졌다. 나는 참석자들의 이야기 한마디, 한마디를 경청하고 "지역사회에서 함께 구정을 이끌어온 구민들과 더불어 관악의 미래를 발전시키겠다"고 감사의 소감을 전했다.

참가자들의 정책 제안도 새겨들었다. 신태안 관악구파크골프협회장은 "지역 숙원사업인 파크골프장이 난곡에 생겨 기쁘다"며 관악에서 구민들이 여가를 즐길 수 있기를 바란다는 의견을 주셨다. 나는 "일상에서 행복을 느낄 수 있도록 동네 곳곳에 정원도 조성했다"며 "앞으로도 구민 삶의 질을 높이는 공간들을 다양하게 만들어 가겠다"고 답했다.

나는 민선 8기 3년간 구민들과의 약속을 지키기 위해 아침 등굣길 난우초 교통안전 캠페인을 시작으로 '현장에 답이 있다'는 신념으로 관악구 곳곳을 누볐다. 이날 민선 8기 핵심 공약 중 하나인 '관악일자리행복주식회사'가 정식으로 출범했다. 또한 관악S밸리의 성장을 체계적으로 지원할 '관악중소벤처진흥원'도 문을 열었다. 동마다 생긴 '관악형 작은 1인 가구지원센터'는 1인 가구를 더 가까이에서 밀착 지원하는 업무를 본격적으로 시작했다. 지역상권 활성화를 위해 전통시장의 고객편의센터 운영비를 지원하는 업무협약식도 이날 함께 진행됐다.

토크쇼의 마지막 이벤트로 참가자 전원이 관악구에 전하고 싶은 메시지를 적어 날리는 '희망의 종이비행기' 행사가 진행됐다. 나는 구청장 재임 7년 동안 눈부시게 발전한 관악을 온몸으로 느낄 수 있었다. 관악의 더 높은 웅비雄飛를 응원하고 염원하는 주민들의 명령을 가슴에 새기며 더욱더 부지런히 뛸 것이다.

서울신문 / 2025.07.09.

임대인과 임차인의
상생과 공존의 길을 찾다

관악구는 2025년 11월 18일, 관악구청 대강당에서 '2025년 관악구 등록 임대 사업자 역량 강화 교육'을 성황리에 개최했다.

등록 임대 사업자는 「민간임대주택에 관한 특별법」에 의거해 민간 주택을 취득해 임대 사업을 목적으로 지방자치단체에 등록한 개인이나 법인을 가리킨다. 등록된 임대 사업자는 세제 혜택을 받을 수 있다. 그 대신 임차인의 주거 안정을 위한 엄격한 공적 의무를 충실히 이행해야만 한다. 이러한 의무 사항을 위반할 경우에는 과태료 부과와 세제 혜택 환수 등의 불이익을 받게 된다.

'2025년 관악구 등록 임대 사업자 역량 강화 교육'은 부동산 관련 법령의 개정과 관련 정책의 변화로 말미암아, 관내 등록 임대 사업자들이 복잡한 의무 사항을 숙지하는 데 어려움을 겪지 않도록 돕기 위해 마련된 자리였다. 교육에는 200여 명의 임대 사업자가 참석해 강의 시간 내내 배움의 열기가 뜨거웠다.

1부에서는 관악구청 주택과가 직접 제작한 '등록 임대 사업자 안내 책자'를 배포하고, 담당 공무원이 '주택 임대 사업자의 공적 의무'를 주제로 설명했다. 관악구 주택과가 직접 만든 교육 자료에는 △등록 임대 사업자 주요 의무 사항 △임대차 계약 관련 신고 시 구비 서류 △의무 위반시 부과되는 과태료 사항 △등록 임대 사업 관련 문의 기관 등 등록 임대 사업자가 반드시 알아야 할 핵심 정보와 내용이 알차게 수록되었다.

이어진 2부에서는 세무법인 충정 부대표로 재임 중인 양정훈 세무사를 강사로 초빙해 특별 강연을 진행했다. 새 정부의 '10·15 부동산 대책'을 반영한 재산세, 종합부동산세 등 주택 보유세를 중심으로 등록 임대 사업자가 받을 수 있는 세금 감면 혜택이 일목요연하게 다뤄졌다.

관악구는 여러 가지 사정으로 교육에 참여하지 못한 등록 임대 사업자들도 필요한 정보를 얻을 수 있도록 '주택 임대 사업자 공적 의무 주요 사항'과 대면 교육에 활용한 안내 책자를 우편으로 발송했다.

'2025년 관악구 등록 임대 사업자 역량 강화 교육'이 제도와 법령이 수시로 바뀌는 현 상황에서 관악구 관내의 등록 임대 사업자들이 공적 의무 준수를 이행하는 데 도움이 되기를 바란다. 관악구는 앞으로도 임대 사업과 관련된 다양한 맞춤형 교육을 정기적으로 실시해 임차인의 주거 안정에 힘쓸 것이다.

윤석열-김건희 공동정권이 일으킨 '12·3 내란 사태' 때문에 우리나라의 부동산 시장이 혼란을 겪고 있다. 임대인과 임차인 모두 동반 '상생의 풍토'가 절실하다. 관악구는 이재명 정부가 심혈을 기울이고 있는 부동산 안정 정책이 지역 현장에서 소기의 목적을 달성할 수 있도록 앞으로도 임대 사업과 관련된 맞춤형 교육을 정기적으로 실시하며 임차인의 주거 안정을 위해 최선을 다할 것이다.

뉴시스 / 2025.11.23.

PART 2.
잘사니즘의
모범 도시
관악

세 번째 이야기.
더불어 지속 가능한
관악의 미래

네 번째 이야기.
생명은 기본, 안전은 더불어,
행복은 오래도록

주민을 섬기는 행정

세 번째 이야기.

더불어 지속 가능한 관악의 미래

다산 정약용 선생은 백성들의 말에 귀 기울이는 경청의 자세야말로 목민관의 가장 중요한 덕목임을 강조했다. 정답은 언제나 현장의 구민들 이야기 안에 있게 마련이다. 이동관악청은 구민들의 이야기를 들으려고 구청이 통째로 움직인 초유의 일이었다.

천

여성들이 만들어온
관악의 역사

관악구는 2022년 7월 5일, 지역의 향토사와 함께한 여성들의 삶을 주제로 한 매우 뜻깊은 책을 펴냈다. 출간된 책의 제목은 '그녀들의 이야기'Her Story로 '관악, 여성 구술 생애사'生涯史라는 부제가 달렸다.

급속한 도시화와 산업화의 여파로 주민들이 오랫동안 소중하게 간직해 온 기억들과 소중한 생활유산이 빠른 속도로 유실되고 있다. 이러한 상황에서 마을의 옛 모습과 주민들의 삶의 발자취를 기록해 보존하는 작업이 절실했다.

관악구는 마을과 동네의 실질적 주체인 여성들을 주인공으로 하여 그들이 지역의 변화와 발전에 기여한 역할을 입체적으로 조명함으로써 이들이 정당한 평가를 받도록 힘써왔다. '그녀들의 이야기'Her Story는 여성의 자긍심 고취와 양성평등 문화 확산의 취지가 담긴 야심찬 기획이었다.

관악구는 책 발간 1년 전인 2021년 1월부터 책의 제작과 집필에 관심이 있는 주민들을 공개적으로 모집해 이들을 '구술채록자'로 양성했다. 박후란 씨와 박수진 씨를 필두로 20대부터 최고령자인 김경옥 씨까지 총 아홉 명이 이 프로젝트에 참여했다.

그동안 문화재단이나 연구원 등에서 지역 여성의 생애사를 구술하고 기록하는 작업이 없지는 않았다. 그렇지만 지방자치단체 차원에서 기획하고, 주민들이 주체적으로 참여한 사례는 관악구가 최초이다. 이 프로젝트는 관악구가 한국구술사연구소와 협력해 구술채록자를 양성하는 동시에 여성의 사회참여 기회와 역량을 확대하고 강화했다는 측면에서 큰 의미를 지녔다고 하겠다.

관악구는 구술채록 전문가 권희정 씨와 함께 오래된 신문기사 등에 관한 사전 조사를 통해 이야기를 들려줄 여성들을 찾았다. 그리고 지역의 전반적인 사회문화적 역사를 공유하고, 구술 후보자를 추려 관련된 면담을 진행하였다. 봉천동에서만 30년을 살아온 윤집득 할머니를 비롯해 미성동 일대 봉제공장 역사에 정통한 채춘희 씨 등이 자신들의 이야기를 지역공동체와 공유하는 데 흔쾌히 동의했다.

코로나19 상황 탓에 정보 공유에 많은 제약이 있었다. 그럼에도 참여자들이 뜻을 모아 1년 5개월여 만에 가시적인 성과물을 창출할 수 있었다. 의료협동조합을 결성한 난곡엄마 김혜경 씨, 관악문화원과 더불어 활동해온 문화인 오미숙 씨, 관악에 정착한 결혼이주 여성 흐엉박채원 씨 등 10명은 자신의 지난 발자취와 현재의 생활상, 그리고 미래의 비전을 감동적으로 들려주었다. 특히 김경옥 채록자는 스스로의 이야기를 담은 '관악에서 자라고, 관악에서 살아온 50년의 삶'을 기록해 큰 감동을 주었다.

관악구는 2022년 6월, '그녀들의 이야기'를 발굴하고 기록한 구민들에게 감사장을 전달했다. 감사장을 받은 박후란 씨는 앞으로 시아버지의 자서전을 써보겠다고 했고, 박수진 씨는 엄마를 비롯한 주위 사람들의 이야기에 근거해 지역사를 정리해보고 싶다는 당찬 포부를 밝혔던 기억이 난다. 김경옥 씨 또한 관악구에 거주하는 젊은 여성들의 이야기를 추가로 담고 싶다고 했다. 그분들의 꿈이 지금쯤 멋지게 영글었으리라 믿는다.

관악구는 2019년 여성가족부 지정 '여성친화도시' 대열에 합류하면서 성평등 정책 추진 기반을 탄탄하게 구축했다. 또한 여성의 경제·사회 참여를 확대하고, 지역사회 활동 역량을 강화하는 등의 5대 목표를 달성하기 위한 다양한 사업을 추진해왔다. 관악구의 성장과 진보에 의미 있게 이바지해온 여성들의 당당한 활약상이 '그녀들의 이야기'Her Story 출간을 계기로 재조명됨으로써 양성평등의 문화가 우리 사회에 자연스럽게 자리 잡기를 바란다.

매일신문 / 2022.07.05.

관악구민들이 만들어낸
자원순환의 기적

관악구는 자원순환동아리 240명의 활약을 비롯한 구민들의 전폭적인 협력에 힘입어 올바른 재활용품 분리배출 문화를 확고하게 정착시켜 가고 있다.

관악구는 주민들이 분리배출을 일상에서 생활화할 수 있도록 구민 주도적 환경을 조성해 주목할 만한 성과를 내고 있다. 관악구는 2022년 9월부터 주민들이 자발적으로 참여해 자원순환 활동에 나서도록 했다. 주민들의 신청을 받아 꾸려진 '자원순환동아리'가 바로 그들이다.

관악구는 이에 앞서 2021년부터 '재활용품 전용 봉투'를 제작해 배포함으로써 분리배출 비율도 높이고 더불어 골목이 정리되는 효과를 얻었다.

관악구는 청년과 1인 가구가 많기 때문에 서울 25개 자치구 가운데 재활용 쓰레기 배출도 가장 많다. 재활용 쓰레기는 버려지면 쓰레기가 되지만 잘 활용하면 소중한 자원이 되어 지구환경을 살릴 수 있다. 관악구는 이 일에 민·관이 함께 힘을 모았다.

동별로 15명 안팎의 구민들로 구성된 자원순환동아리는 총 240명에 이른다. 관악구는 자원 재활용률을 높이는 동시에 배출되는 쓰레기를 줄이기 위해 더 나은 미래Tomorrow와 환경Echo에 대한 염원을 담아 투명페트병 유가보상 시스템인 '에코 투모로우'를 실시하고 있다.

투명페트병을 배출하는 매주 목요일 오후마다 자원순환동아리 회원들은 종량제봉투 교환 작업을 돕는다. 분리배출 현장을 찾은 구민들은 정확한 분리배출 방식을 간단히 배울 수 있다.

사업 초기인 2021년 한 해 동안만 해도 이 일에 8,000여 명의 구민들이 참여했다. 분리 배출된 투명페트병은 약 30만 개, 12톤에 달했다. 관악구는 이후 자원순환시설 견학과 전문 강사 육성 등의 방법을 활용해 자원순환동아리에 대한 주민들의 관심과 참여를 지속적으로 높여 왔다.

관악구가 야심차게 내놓은 또 다른 비장의 무기는 '재활용품 전용 봉투'이다. 현재는 재활용쓰레기라도 투명페트병, 폐비닐, 기타 쓰레기 세 가지 종류로 분리하도록 법제화된 상태이다. 그러나 재활용품 수거 현장에서는 잘 지켜지지 않는 실정이다. 더욱이 내놓는 날짜도 제각각이라 주민들이 잘 모르는 경우가 많다. 관악구는 이러한 문제를 해결하기 위해 종류별로 각각 분리해 담을 수 있는 봉투를 제작해 단독주택과 다가구주택에 배포하였다.

이 사업은 도입 초기 2년간 은천동, 신사동, 남현동, 조원동 4곳에서 시범적으로 운영한 결과 효과가 탁월한 것으로 검증되었다. 버려지는 쓰레기가 거의 없어졌으며, 무단투기는 12% 줄어들었다. 그만큼 골목길도 깨끗해졌다. 재활용 쓰레기를 골라내는 선별률을 30%에서 62%까지 끌어올린 덕분이었다. 봉투 겉면에 배출 요일 등 필요한 정보가 구체적으로 기재되어 있어 요일제를 지키는 구민들이 30.6% 늘어났다.

관악구는 이러한 성과를 바탕으로 재활용품 전용 봉투 배포 사업을 지난

2023년 21개 전체 동으로 확대해 총 6만 9,000 세대에 100매씩 무료로 나눠주는 사업을 완료했다. 설령 대상이 아닌 가구라 하더라도 관리인을 지정하고 분리수거대를 설치하면 400매를 지원하도록 했다. 여기에 호응해 이미 2023년 5월 기준 322개의 맞춤형 분리수거대가 설치되는 등 분리배출 인프라는 비약적으로 성장했다.

민·관이 협심하고 단합하면 주민들이 체감할 수 있을 정도로 폐기물을 줄일 수 있다. 관악구는 재활용품 분리배출의 필요성을 지속적으로 홍보하고, 주민들의 자발적인 참여를 확대해 '자원순환과 지구사랑의 모범도시 관악'을 만들어 나가겠다.

내일신문 / 2023.05.09.

최첨단 스마트 공영주차장을
대폭 확충하다

나는 2023년 5월 15일, 난곡동에서 진행된 '난곡 스마트 공영주차장' 개관식에 참석해 "주민들께서 원하시는 최우선 생활 인프라인 공영주차장을 확충해 '살기 좋은 명품 도시, 관악'을 만들어나가겠습니다"라고 약속하며, 난곡동 지역의 쾌적한 주차환경 조성을 위해 더욱 노력하겠다는 뜻을 밝혔다. 이날 열린 개관식에는 더불어민주당 정태호 국회의원과 관악구의회 임춘수 의장 외 50여 분의 난곡동 주민들께서 바쁜 시간을 쪼개 참석해주셨다.

난곡동은 저층 주거지가 밀집된 동네이다. 그러므로 오랫동안 주차난에 따른 민원이 끊이지 않았다. 관악구는 이 지역의 주차난을 해결하고자 2018년 '난곡·난향 도시재생 뉴딜사업' 선정에 따른 생활기반시설 조성 사업의 일환으로 공영주차장 건립을 추진해왔다. 이 사업이 당시 드디어 마무리됨으로써 연면적 4,549㎡ 규모에 지하 1층부터 지상 5층까지 차량 116대를 주차할 수 있는 난곡 스마트 공영주차장이 완공되었다. 112억 원이 투입돼 완성된 난곡 스마트 공영주차장은 개관식 이후 정해진 시범 운영 기간을 거쳐 2023년 6월부터 본격적인 운영에 들어갔고, 현재 주민들의 큰 사랑을 받고 있다.

녹색 빛이 나날이 짙게 감도는 계절에 난곡 스마트 공영주차장이 새로운 시작을 맞이하게 된 일을 많은 관악구민이 뜨겁게 반기던 기억이 난다. 나는 민선 8기 임기 동안 구민들의 편의를 위해 15개의 주차장을 추가 증설하기 위해 쉼 없이 달려 왔다.

난곡 스마트 공영주차장 개관으로 난곡 지역 주민들뿐만 아니라 관악구민의 주거환경이 크게 개선될 수 있는 전기가 되었다. 상권을 찾는 손님들 역시 주차 걱정을 덜게 되니 지역상권도 눈에 띄게 활성화되었다.

관악구는 여기에 머물지 않고 주차수급률이 낮은 지역을 중심으로 매년 2군데 이상의 건물식 공영주차장을 조성해 2027년까지 1,349면을 추가로 늘리겠다는 목표를 향해 순항 중이다.

이에 따라 관악구는 지난 2023년 말, '남현소공원 지하주차장' 건립 사업과 '행운동 공영주차장' 증축 작업을 성공적으로 완료했다. 이어 2026년 1월부터는 샤로수길 인근의 고질적 주차난을 해소할 '모래내공원 지하주차장'이 정식 운영을 시작하는 쾌거를 이뤘다.

이제 남은 핵심 과제인 '상도근린공원은천 국사봉 공영주차장' 역시 2026년 12월 완공을 목표로 차질 없이 공사가 진행 중이다. 아울러 공공부지가 부족한 대학동 같은 곳에는 부지를 매입해 공영주차장 신축 사업을 추진해나갈 예정이다. 주택가의 면적 1,000㎡ 이상의 공원이 있는 지역에는 공원 지하를 주차장으로 개발해 주거 밀집 지역의 주차난을 해소해나갈 계획이다.

서울신문 / 2023.05.16

어르신들을 행복하게 하는
관악 스마트경로당

늦봄에서 초여름으로 넘어갈 즈음인 2023년 5월 24일, 서울 관악구 보라매경로당에서는 '스마트경로당 시연회'가 진행되었다. 이 자리에서는 어르신께서 직접 스마트헬스케어 기기에 얼굴을 비추고 체온·혈압·심박수 등을 측정했다. 경로당에 와서 얼굴만 보여줘도 혈압과 심박수가 표시되는 새로운 광경에 시연회에 참석한 어르신께서는 마치 어린아이처럼 신기한 표정을 지으셨다. 간호사가 측정 기록을 확인한 다음 어르신께 편리하게 상담까지 해주는 모습은 마치 신세계를 보는 듯했다.

관악구는 서울시 자치구 중 스마트헬스케어를 처음으로 도입한 구가 되었다. 스마트헬스케어는 얼굴을 스캔해서 체온과 혈압 등을 자동으로 측정하여 저장하고, 이상 수치가 감지되면 문자메시지로 이를 알려주는 개인 맞춤형 최첨단 건강관리 서비스이다. 측정한 데이터는 간호사와의 건강 상담 때 활용된다.

스마트경로당은 서울시로부터 총 10억 원을 지원받아 최신 정보통신기술ICT을 활용한 △스마트헬스케어 △화상플랫폼 활용 여가 복지 프로그램 △키오스크 체험 등의 서비스를 제공하기로 했다. 관악구는 관내 경

로당 10곳에 스마트경로당을 구축해 2023년 5월부터 본격적인 운영을 시작했다.

나는 이날 시연회에 참석해 "으쌰, 으쌰!"를 힘차게 외치며 어르신들과 함께 화상플랫폼을 활용한 맷돌체조를 했다. 화상플랫폼은 한 명의 강사가 동시에 10개의 스마트경로당을 대상으로 프로그램을 진행할 수 있도록 도와주는 시스템이다. 어르신들께서는 이날 카드결제부터 영수증 출력까지 키오스크를 이용하는 방법을 반복해 연습하시며 그동안 낯설고 불편하던 디지털 기기와 서서히 친구가 되어 가셨다.

시연회가 마무리된 다음 나는 10개의 스마트경로당 어르신들과 온라인 화상 간담회를 진행하면서 어르신들의 건의사항을 듣고 이에 대한 개선책을 고민했다.

관악구는 약속대로 지난 2024년, 스마트경로당을 대폭 확대 설치했다. 이와 더불어 스마트헬스케어시스템을 기존의 민간 의료기관 간호사뿐만 아니라 관악구 보건소 간호사와도 성공적으로 연계해 공공 의료의 질을 높였다. 관악구는 스마트경로당 화상플랫폼을 통해 강사 한 명이 수십 개 경로당 어르신들을 대상으로 프로그램을 진행함으로써 예산을 절감하고, 이렇게 아낀 예산은 더 좋은 프로그램을 만드는 데 재투자해 '복지의 선순환' 구조를 완성했다.

이제 관악의 어르신들에게 '스마트'는 더 이상 낯선 단어가 아니다. 건강하고 활기찬 노후를 위한 가장 든든한 동반자가 되었다.

문화일보 / 2023.05.31.

민심과 정답은 언제나
현장에 있다

나는 민선 8기 관악구청장 취임 1주년인 2023년 7월 3일, 구민들의 민생 현장으로 나갔다. 우선 여름철 집중 호우에 따른 침수 피해를 예방하고자 지역 곳곳을 다니며 각종 시설물을 점검했다. 기후 변화가 재난이 된 이 시대에 폭우가 내리는 일을 막을 수는 없더라도 침수 때문에 인명 피해가 발생하는 일만은 반드시 막아야 하기 때문이다.

나는 그 전해인 2022년에 집중 호우로 피해를 입은 신림동 남강고등학교를 찾아 수해복구 공사 상황을 직원들과 함께 확인했다. 남강고는 폭우로 학교 뒷산에서 산사태가 발생하는 바람에 교내 체육관에 흙더미가 밀려들어 근처 건물이 파손되는 큰 피해를 입었었다.

방문 당시 현장은 배수로 설치 작업을 완료하고 다른 마무리 공사가 진행되는 중이었다. 마무리 공사를 하는 와중에 혹시 큰비가 내릴 수도 있어 경계를 늦출 수 없는 긴박한 상황이었다. 다행히 남강고는 이후 완벽하게 복구되어 지난 3년간 추가 피해 없이 학생들의 안전한 배움터로 자리 잡았다.

남강고등학교를 방문한 데 이어 신사동의 반지하 주택을 찾아 물막이판을 직접 설치했다. 그리고 인근의 반지하 주택들도 방문해 개폐형 방범 창이 제대로 설치됐는지를 꼼꼼히 확인했다.

관악구는 반지하 주택에 거주하는 주민들이 폭우로 인해 출입문이 막히는 경우 탈출할 수 있도록 개폐형 방범창을 설치해 왔다. 침수 예보와 경보가 발령되면 돌봄 공무원과 통반장 등으로 구성된 '침수 재해 약자 동행 파트너'가 자력 탈출이 어려운 급박한 처지에 놓인 반지하 주택 거주민의 집을 찾아가 대피를 돕도록 체계화했다. 이 시스템은 현재 관악구의 '인적 안전망'으로 정착했다.

다음 일정으로는 신림봉천터널 공사 현장과 남현소공원 지하 공영주차장 건설 현장을 찾았다. 나는 현재까지의 추진 상황을 확인하고, 공사 현장 관계자들에게 장마철과 관련된 재해 예방에 만전을 기해줄 것을 신신당부했다.

기상이변이 일상이 된 시대에 수해 예방대책은 아무리 강조해도 지나치지 않다. 비는 하늘이 내리지만, 재난을 예방하는 것은 인간의 의지와 역량에 달려 있다. 관악구는 하늘에서 내린 비가 재앙이 아니라 고마운 수자원으로만 남을 수 있도록 지난 8년간 그래왔듯 앞으로도 최선을 다하겠다.

서울신문 / 2023.07.05.

어르신 잘 모시는
효자 구청장이 되겠습니다

관악구는 서울시 25개 자치구들 가운데 청년 인구의 비율과 노인 인구의 비율 모두 상위권에 속한다. 그러므로 세대별 특성에 걸맞은 맞춤형 행정이 필요하다. 이는 내가 임기 내내 구민들과의 소통과 교감에 역점을 두어온 근본적인 이유이자, '아날로그'와 '디지털'을 아우르는 소통 전략이 필요한 배경이다.

나는 가족과 사회를 위해 청춘을 바치신 어르신들께서 편안한 노후 생활을 보내고 계신지 살피기 위해 경로당을 방문해 어르신들의 안부를 물었다.

본격적인 무더위가 찾아올 무렵인 7월에 들렀던 보라매 경로당을 시작으로 41일 동안 110곳에 달하는 관내의 경로당을 한 곳도 빠짐없이 찾았다. 49곳은 구립 경로당이고, 나머지 61곳은 사립 경로당이었다.

나는 어르신들의 손을 잡아드리며 건강과 안부를 여쭸다. 한 어르신께서는 경로당 회장님과 구청에서 잘 챙겨줘서 경로당에서 식사도 맛있게 하고, 여름도 시원하게 보냈다며 칭찬해주셨다.

나는 경로당 내부를 이곳저곳 둘러보며 냉방기가 제대로 작동하고 있는지를 점검하고, 실내의 여러 시설물이 안전하게 관리되고 있는지를 점검

Case Study Library

Where innovations are collected and shared to disseminate and replicate good ideas

Submit a case

365 Online Gwanak-gu Office – Online Platform for Direct Democracy

Korea

Year: 2019
Website:
https://www.gwanak.go.kr/s...

Level of Government:
Regional/State government

Status:

- Implementation - *making the innovation happen*

In 2017, Korea opened the online platform allowing the public to make policy suggestions, 'Gwanghwamun 1st street' as an effort to expand Direct Democracy. Following this lead, Gwanak-gu developed its own online platform, 'Online Gwanak-gu Office'. 'Online Gwanak-gu Office', which is exclusively for Gwanak-gu citizens, utilized user

2022년 경제협력개발기구OECD 공공부문 혁신 사례로 선정된 온라인 관악청했다. 그리고 어르신들께서 느끼는 불편한 부분에 귀를 기울였다.

나는 민원사항이 생기면 즉시 말씀해 달라는 부탁과 더불어 내 휴대전화 번호가 기재된 명함을 드렸다. 어르신들의 불편 사항을 신속하게 해결하기 위해서였다. 나는 관악구가 어르신들께서 생활하시기 좋도록 '효자 구청장'이 되겠다고 다짐했다.

나는 어르신들과는 오프라인에서 소통하고 젊은 청년들과는 온라인으로 소통하고 있다. 관악구청과 관악구민들 사이의 온라인 소통의 중심에는 시간과 공간의 제한 없이 누구나 정책제안을 할 수 있도록 만들어진 365일 직접민주주의 온라인 플랫폼 '온라인 관악청'이 있다.

'온라인 관악청'에서는 30일간 5명 이상의 공감을 받은 제안을 토론 안건으로 상정한 다음, 100명 이상의 토론 참여가 진행된 제안에 대해서는 구청장이 직접 답변하고 있다. 그동안 여러 곳에 분산되었던 주민참여의 창구를 일원화해 주민들의 의견과 요구사항을 플랫폼에 반영했으며 시간과 공간의 구속을 받지 않는 편리하고 자율적인 주민참여 플랫폼을 구축했다는 점에서 높은 평가를 받았다. 관악구 민심의 집결지 역할을 해온 '온라인 관악청'이 '2022년 경제협력개발기구OECD 공공부문 혁신사례'로 선정됨으로써 긍정적 평가의 구체적인 지표가 되었다.

관악구는 앞으로도 관악청, 이동 관악청, 학교 관악청, 온라인 관악청 등 온라인과 오프라인을 넘나드는 '4대 소통 채널'의 활발한 운영을 통해 구민들의 여론이 구정에 실시간으로 수렴되는 '민주적 관악구'를 완성해 나갈 것이다.

아시아투데이 / 2023.08.28.

구청이 움직인다,
이동관악청

나는 2022년 11월 한 달 동안 관악구 내의 21개 동 모두에 '찾아가는 구청'을 차례로 열겠다는 계획을 세우고 이의 본격적 실천에 나섰다. 찾아가는 구청을 표방한 '이동 관악청'聽은 구청을 직접 방문하기 어려운 구민들을 구청장이 찾아가 민원을 청취하고 어려움을 해결해 드리자는 간절한 마음으로 기획되었다.

나는 11월 1일, 미성동을 시작으로 22일 은천동에 이르기까지 매일 2개 동씩 전체 동을 방문했다. 구민들을 만난 자리에서는 구정의 주요 현황과 중요 사업들을 세세하게 알려드리는 소통과 참여의 시간을 가졌다.

특히 11월 16일에는 보라매동에서 100여 명의 구민들이 참여한 열띤 토론의 장은 지금도 기억에 선하다. 민선 8기 관악구의 핵심 구정 철학 중 하나는 '이청득심'以聽得心, 곧 사람의 마음을 얻기 위해서는 민심에 귀 기울여야 한다는 것이다. 나는 이 자리에서 정책에 관련된 아이디어 제안이든, 일반적인 민원이든, 구청장에게 당부하고 싶은 사항이든 기탄없이 말씀해달라고 했다. 그러자 구민들께서는 앞다투어 손을 들어 그동안 구청에 궁금했던 일들을 조목조목 질문해주셨다.

재건축 지역의 현재 진행 사항에 관한 질문을 시작으로, 국사봉 인근에 황톳길을 조성해 달라는 민원, 쓰레기가 대량으로 쌓이기 쉬운 지역 학교 주변에 CCTV폐쇄회로TV를 설치해 달라는 요청 등 다양한 질문과 의견이 봇물 터지듯 쏟아졌다. 구민들의 질문에 나는 실현 가능성에 더하여 구체적 개선 방안까지 세세하게 답변드렸고, 약속한 것은 반드시 지켰다.

나는 민선 7기 관악구청장에 취임한 직후 구청 1층에 카페형 구청장실인 '관악청'을 마련하고 구민들을 꾸준하게 만나왔다. 관악청에서는 매주 목요일 오후 2시부터 5시까지 '구청장과 함께하는 소통 데이트' 프로그램을 운영한다. '소통 데이트 프로그램'의 성공적 운영에 힘입어 나는 2023년 10월 기준으로 이미 1,500여 명의 구민을 직접 면담해 그분들의 고민을 해결했고, 민선 8기 말인 지금 그 숫자는 수천 명에 이른다.

관악구청 청사를 방문하기 어려운 구민들을 위해서는 동주민센터와 경로당으로 직접 찾아가는 '이동 관악청'을 꾸렸다. 학교에서는 구청장이 학부모와 교직원을 만나는 '학교 관악청'을 열었다.

나는 이와 같은 다양한 방식들을 활용해 주민들과의 만남을 지속적으로 확대해왔다. 2023년 한 해에만 경로당 110곳과 학교 36곳을 찾아 지역 발전에 귀중한 방향타와 자양분이 되어줄 건의사항들을 청취했다.

또한 '온라인 관악청'을 운영하며 시간과 공간의 제약이 없는 사이버 공간의 장점을 살려 주민들이 편하게 정책을 제안할 수 있도록 했다. 나는 민선 8기의 중심적인 구정 비전을 구민들과 활발하게 공유함과 더불어 구민들께서 내주시는 구상과 제안을 구정에 적극적으로 반영해 '주민이 주인이 되는 관악'을 완성해 나가고 있다.

서울신문 / 2023.11.27.

지역의 미술가들과
동네 카페들이 만나면

나는 관악구 행운동의 봉천로변에 위치한 카페 온더레이크를 찾았다. 이곳에 마련된 스폿갤러리에 전시된 손모아 작가의 그림에 대한 설명을 창작자인 손 작가로부터 직접 듣고 싶었기 때문이다.

손 작가는 사회생활에 지친 현대인들에게 힐링을 선사하고 싶었다고 말했다. 나 같은 미술 문외한조차 쉽게 알아들을 수 있는 친절하고 명료한 설명이었다.

동네 카페에 마련된 스폿갤러리에서 관악구민들은 그림을 감상하거나 작품을 담은 엽서를 구경하고 살 수 있다. 21세기 도시경쟁력을 좌우하는 핵심적 요소들 중 문화가 가장 비중이 크다. 나는 지역에서 활동하는 작가와 동네 카페를 연결해달라는 구민들의 제안을 정책으로 구현했고, 이날은 그러한 정책이 현실이 되어 빛을 발하는 순간이었다.

관악구는 주민들이 즐겨 찾는 일상 공간을 작은 전시관으로 이용하는 일에 힘써왔다. 관악구는 그러한 기획사업에 '관악 예술로 리디자인Re-Design 스폿갤러리Spot Gallery'라는 이름을 붙였다.

스폿갤러리는 구민이 제안한 사업을 민선 8기 협치 과제로 채택한 결과

물이다. 지역 내 소재한 다양한 지점Spot을 발굴해 접근성이 뛰어난 전시 공간을 구축하고, 이곳과 지역에서 활동하는 예술가를 연계하는 방식이 다. 일상 속 공간들이 다양한 전시관으로 기능한다고 생각하면 된다.

관악구는 60㎡ 이상 면적의 공간을 갖춘 카페와 음식점 중에 희망하는 업소들을 모집한 다음, 구청 공무원들이 현장을 확인해 12군데를 선정했 다. 그리고 예술성과 창의성, 시사성 등을 종합적으로 고려해 24명의 작 가들을 뽑았다. 사업 초기였던 2024년에는 공간과 작가 모두 2대 1이 넘 는 경쟁률을 보였다. 당시의 성공은 이후 더 많은 예술가와 상인이 참여 하는 마중물이 되었다.

관악구는 공간의 분위기를 기준으로 2명의 작가를 묶어 총 6점의 작품 을 전시하도록 했다. 스폿갤러리 이벤트는 2024년 5월부터 시작해 같은

해 10월까지 모두 3회로 나누어 성황리에 이어졌다.

행운동의 카페는 공간이 깔끔하면서도 현대적인 분위기를 자아냈다. 차분하면서도 따뜻한 느낌을 주는 손모아 작가와 노모란 작가의 작품과 절묘하게 어우러지는 공간이었다. 두 작가 모두 공공미술 프로젝트와 관악 아트홀 독서 인문학 콘서트를 비롯한 지역 내의 문화 활동에 적극적으로 앞장서 온 분들이다. 1차 전시가 아직 끝나지 않았음에도 이미 훌륭한 결실을 맺은 듯했던 기억이 난다.

스폿갤러리는 부족한 문화예술공간을 확충하는 데 톡톡히 기여했다. 수백억 원을 들여 새로 큰 건물을 짓는 것보다는 스폿갤러리를 통해 작가와 주민과 상인을 서로 연결함으로써 더 큰 효과를 거뒀다. 이는 행정이 지향해야 할 주민참여 증대와 예산의 효율적 사용을 모두 담은 일로 평가할 만하다.

관악구는 2024년 연말에는 기획사업에 참여한 작가들의 작품을 한곳에 모아 '갤러리 관악'에서 특별 전시회를 성황리에 개최했다. 관악구는 예술가가 소상공인이 운영하는 점포의 간판이나 차림표 등을 개선해주는 아트테리어Art+Interior 사업과 연계해 전시가 가능하도록 하는 방법도 적극적으로 도입해 호응을 얻었다.

관악구는 갤러리 관악을 확장함과 더불어 구청 내에서 영상으로 세계 명화를 송출하는 사업을 동주민센터에서도 확대 실시했다. 행정이 문화를 포용하면 주민들의 삶의 질이 획기적으로 높아지는 법이다. 관악구는 청년과 문화예술가들이 만나 상승효과를 일으킴으로써 구민들의 행복감을 한층 높일 수 있는 명실상부한 '문화예술도시'로 성장시켜 나갈 것이다.

내일신문 / 2024.05.30.

구청장이 귀를 열면
구민의 마음도 열린다

"안녕하세요. 앙코르 구청장입니다. 소중한 의견을 듣기 위해 달려왔습니다."

나는 2024년 9월 2일 난향동 주민센터에서 열린 '이동 관악청'에서 마이크를 잡고 이렇게 말문을 열었다. 이어서 "구청장의 귀는 활짝 열려 있으니, 관악구와 난향동의 발전을 위한 사업이 있다면 기탄없이 말씀해주세요"라는 부탁을 100여 명의 참석자들에게 드렸다.

참석자들은 황톳길과 공원 조성부터 신림7구역 재개발 사업, 그리고 경전철 난곡선 사업의 현황에 이르기까지 다양한 주제에 관해 활발하게 의견을 개진했다. 질문과 답변 시간은 예정된 시간을 한참 넘겨가며 진행되었다. '이동 관악청'의 역할과 효능에 대한 구민들의 기대감이 그만큼 크다는 생생한 증거였다.

'이동 관악청'은 내가 2018년에 민선 7기 관악구청장에 취임하자마자 시행한 대표적인 소통 브랜드다. 나는 '이동 관악청'이 최일선 행정현장의 첨병으로 자리 잡을 수 있도록 지난 8년간 발품을 아끼지 않았다. 그 덕분에 '이동 관악청'은 소통의 창구 기능을 착실하게 수행해 왔다.

'이동 관악청'에서 '청'은 듣는다는 의미를 담은 '청'聽자이다. 나는 구청 건물 1층에 전국 최초로 카페형 구청장실인 '관악청'을 열었다. 관악청에서는 매주 목요일 오후마다 구민들과의 '소통 데이트'가 정기적으로 진행되어 왔다.

나는 주민센터와 경로당 같은 곳에서 '이동 관악청'이 열리면 구청으로 직접 방문하기 어려운 주민들을 위해 즐거운 마음으로 달려갔다. 2024년도 '이동 관악청'은 8월 26일부터 9월 23일까지 21개 동에서 열렸다. 나는 2024년 상반기에는 27개 학교를 직접 찾아가 선생님들과 어린 학생들이 교육 현장에서 겪고 있는 고충에 진지하게 귀를 기울였다. 처음 문을 열었을 때부터 2024년 9월 초순까지 총 1만 8,000여 명의 구민들이 '이동 관악청'에 들러주셨다. 이 자리에서 총 2,575건의 민원을 해결하는 놀라운 기록을 세웠었다. 물론 이 수치는 민선 8기 말, 훨씬 더 큰 숫자로 경신되었다.

관악구는 시간과 공간의 제약 없이 누구나 정책 제안을 할 수 있는 '온라인 관악청'도 운영해왔다. 주민이 제안한 정책 중에서 한 달간 5명 이상의 공감을 받은 주제는 토론 안건으로 상정된다. 토론에 100명 이상이 참여하면 구청장인 내가 직접 답변에 나서는 형식이다.

관악구의 주요 비전을 주민들과 밀접하게 공유하고, 구민들의 의견을 구정에 더 넓고 빠르게 반영하기 위해 나는 '열린 구청장실', '이동 관악청', '온라인 관악청'에 더욱더 많은 시간과 에너지를 쏟아부었다. 그 치열했던 시간들은 이제 '소통 행정의 모범'이라는 자랑스러운 결실로 맺어졌다.

서울신문 / 2024.09.04.

구민공감 소통행정 구현을 위해 더욱 더 열심히 뛰겠습니다!
관악 대한민국 청년수도
난향동 주민총회 & 이동 관악 청 聽
2025년 11월 1
난향동

여기가
강감찬 장군의 땅입니다

2024년 10월 11일 오후, 서울 관악구 낙성대동 낙성대공원에서는 '관악 강감찬축제' 개막식이 성대하게 진행됐다. 관악강감찬축제는 강감찬 장군의 나라 사랑 정신과 구민 화합을 위해 관악구가 매년 개최해온 대표적인 지역축제이다.

나는 관악강감찬축제의 서막을 알리는 '고려 명장 인헌공 강감찬 장군 추모제향'에 참석해 장군의 넋을 기리며 강감찬 장군이 보여준 우국충정의 헌신과 나라 사랑의 정신을 깊이 되새겼다.

강감찬 장군은 고려사는 물론이고 오천 년 우리나라 역사 전체에서 결코 빼놓을 수 없는 인물이다. 호국의 위대한 영웅 강감찬이 관악에서 태어나서 성장했다는 사실만으로도 주민들은 엄청난 긍지와 자부심을 느낀다. 이런 배경에서 나는 임기 내내 역사문화 도시로서의 관악구를 '강감찬 도시'로 구현하는 일에 큰 무게를 두고 추진해 왔다.

강감찬 장군의 추모제향은 2024년을 기준으로 35회째를 맞이했다. 35회 추모제향은 강감찬 장군의 호국정신과 위업을 기리고 구민의 향토애를 고취하려는 목적으로 열렸다. 제향식을 이끈 성균관 전례위원회는 전폐

례부터 망예례까지 전통 의식에 따라 추모제향을 엄숙하게 진행했다.

제향식이 끝난 다음 나는 낙성대공원 입구의 소원터널로 자리를 이동해 '리틀 강감찬' 아이들과 함께 소원 단풍잎을 달았다. 나는 "젊고 활기찬 문화도시 관악!"이라는 글귀를 소원으로 썼다. '리틀 강감찬' 아이들도 "엄마 아빠와 행복하게 해주세요.", "모두 건강하세요."와 같은 각자의 소원을 달며 해맑게 웃었다.

이날 오후 7시부터는 축제의 전야제 행사로 신예 청년 싱어송라이터를 발굴하는 'Be The Star'비더스타가 낙성대공원 대광장 메인무대에서 거행됐다. 2024년 관악강감찬축제는 △주민주도형 축제 △배리어프리 축제 △지역상생축제 △친환경 축제 △안전한 축제의 5대 중점사항에 무게를 두고 세심하게 기획되었던 행사였다.

이튿날인 12일 토요일 오후에는 해마다 인기와 관심을 더해가는 '강감찬

가요제'가 진행됐다. 전국 단위로 펼쳐진 치열한 예선전을 통과한 참가자들 가운데, 특히 관악구 거주자인 전혜린 씨가 대상을 수상해 의미를 더했다. 가요제는 초대 가수로 등장한 '트로트의 여왕' 장윤정 씨의 화려한 공연을 마지막으로 막을 내렸다.

일요일인 13일에는 고려시대와 강감찬 장군에 관해 알아보는 '강감찬 토크쇼와 퀴즈쇼'가 열렸다. 역사 전문가인 서경덕 교수와 최태성 한국사 강사가 토크쇼의 패널로 참석해 시민들의 고려사에 대한 궁금증을 자세하고 친절하게 풀어주었다. 퀴즈쇼에서는 역사 지식을 겨룬 다음 승자에게 상품을 수여하는 행사도 열렸다.

주민이 직접 21개 동의 특색 있는 상권과 문화를 소개하는 체험 부스 또한 마련되었다. 고려시대 시장인 '방시'를 모티브로 기획된 '고려장터'에서는 관악의 대표 맛집을 한곳에서 즐길 수 있도록 했다.

나는 관악강감찬축제가 바쁜 일상을 살아가는 우리 후손들에게 조상의 충효 정신과 국난 극복의 지혜를 일깨워주는 동시에 관악구의 발전과 주민 화합을 견인하는 장으로 확고하게 자리매김했다고 자부한다. 관악강감찬축제를 통해 '역사문화도시 관악', '강감찬 도시 관악'의 위상과 역량이 더 멀리, 더 오랫동안 퍼져 나가리라고 믿는다.

아시아투데이 / 2024.10.13.

관악구민의 잘사니즘,
관악구가 챙긴다

나는 관악구 대학동에 위치한 청년문화공간 '신림동쓰리룸'에서 나무 문의 손잡이를 교체하는 수업에 참가했던 기억이 난다. 1인 가구 청년들을 위해 3주에 걸쳐 진행된 집수리 교육 과정의 일부였다. 각종 공구들이 즐비한 '신림공방'에서는 나무문 교체 작업 외에도 방충망 설치와 철문 손잡이 교체 등을 전문 강사가 친절하게 교육했다.

관악구는 이처럼 신림동쓰리룸을 필두로 관악청년청, 민간 사업장을 활용한 청년문화존 등의 다양한 공간을 활용해 청년들의 일상을 꼼꼼하게 챙겨왔다. 일자리와 주거를 넘어서 집수리와 살림, 건강 등 청년들의 생활 전반에 구청과 지역사회의 도움의 손길이 필요하기 때문이다.

지역에서 서울로 삶의 터전을 옮기는 청년들은 교통이 편리하고 주거비용이 상대적으로 저렴한 관악구를 새로운 정착지로 선택하는 경우가 많다. 관악구는 타지에서 이곳으로 이주한 청년들이 지역 공동체에 순조롭게 안착할 수 있도록 임기 내내 다방면으로 지원 노력을 기울여왔다.

나는 민선 7기 구청장에 취임하며 청년들과 관련된 일을 전문적으로 다루는 전담부서인 청년정책과를 신설했다. 재선 임기를 시작한 민선 8기에는 청년정책과를 청년문화국으로 확대·개편하였다. 청년과 문화를 아우르는 정책을 실현한다는 취지가 담긴 조직 구성이었다.

나는 2024년에는 관악구를 '대한민국 청년도시'로 정식 선포하고 '모두가 청년처럼 활기찬 도시'를 만드는 작업을 야심차게 추진해 왔다. 관악구가 가지고 있는 미래가치 중에서 으뜸가는 가치가 청년이라는 주민들의 의견을 반영한 결정이었다.

관악구의 청년 정책이 청년들의 실생활에 자연스레 스며들도록 현장 일선에서 나선 기관은 신림동쓰리룸 같은 청년세대 전용 공간들이다. 신림동쓰리룸은 고시원이나 원룸 같은 협소한 공간에서는 누릴 수 없는 거실과 서재, 작업실까지 3개의 공간을 갖췄다는 의미이다. 동시에 기존의 틀과 경계를 과감하게 뛰어넘는 제3의 대안을 뜻하기도 한다.

신림동쓰리룸은 서울시 청년공간 '오랑'이 개장하기에 앞서 2019년에 문을 열었다. 2024년 11월을 기준으로 5만 2,000명가량의 청년들이 회원으로 가입한 상태였고, 연간 방문객의 숫자는 이미 4만 6,000명에 이르렀다.

'관악청년청'은 봉천권역과 신림권역 청년들이 접근하기 편리한 곳에 자리해 있다. 이곳은 관악청년청장을 위시한 공간 이용자들이 주도적으로 운영을 책임져왔다.

지역 자원과 청년단체를 연계해 상담, 일자리, 문화예술 창업 등을 지원하는 종합 활동거점의 연간 이용자는 이미 수년 전 7만 명을 돌파했다. 이뿐만이 아니다. 카페와 미술관 같은 동네 공간을 활용한 청년문화존과 청년예술가를 위한 관천로 문화플랫폼이 있다.

관악구는 청년들이 자신들의 삶에서 최우선으로 중요한 문제로 꼽는 취업과 창업 분야 지원에서 눈에 띄는 성과를 창출했다. 서울대라는 우수한 자원을 연계한 창업보육공간만 12개에 달하기 때문이다.

2024년 11월 기준으로 107개 기업이 창업보육공간에 입주해 있다. 청년 고용 인원은 4년 전과 비교해 914명이 늘었다. 통계청에 따르면 당시 관악구의 청년 고용률은 53.5%로 조사됐다. 이는 서울시 평균보다도 2.6%p가 높은 고용률이다. 국제전자제품박람회CES 2024에서의 혁신상 수상과 세계지방정부연합 우승도시 선정은 관악구가 꾸준하게 추진해온 체계적인 청년지원 정책의 성과물로 지금도 높이 평가받고 있다.

관악구는 이러한 성과에 안주하지 않고 아직도 남아 있을지 모를 사각지대의 발굴과 지원, 그리고 미래 인재의 양성을 위한 체계적 교육처럼 관악구만의 자원과 특성이 투영된 청년정책의 모범사례를 지속적으로 만들어가겠다.

내일신문 / 2024.11.15.

예산 1조 원 시대의
도전과 응전

관악구가 별빛내린천도림천의 상류부까지 생태하천 조성을 완벽하게 마무리함으로써 이제 구민들은 집 앞에서 자전거를 타고 한강까지 막힘없이 내달릴 수 있게 되었다. 이를테면 왕복 1시간 30분만 투자하면 자전거를 타고서 잠수교까지 가서 분수쇼를 구경하고 집으로 올 수 있게 된 것이다.

관악구는 바야흐로 '예산 1조 원 시대'를 맞이했다. 관악구는 이 소중한 예산이 관악구민들의 삶의 질을 높이고 복지를 증진하는 일에 쓰이도록 가성비 높은 사업을 기획·발굴·추진해왔다. 그 대표적인 사례가 관악산에서 한강으로 이어지는 별빛내린천이 2024년 9월에 완전한 하천 생태축으로 재탄생한 일이다.

관악구의 힐링 인프라 지도는 가히 상전벽해桑田碧海라 할 만큼 빠르게 바뀌어 가고 있다. 과거 일부 구간이 콘크리트와 아스팔트로 답답하게 뒤덮였던 별빛내린천은 시냇물 옆에서 산책을 즐길 수 있는 명품 생태하천으로 거듭났다. 관악산 입구에는 사계절 문화 행사가 열리는 '으뜸 공원'이 등장해 구민들의 사랑을 받고 있다. 2024년 7월에는 여가 문화 인프라 조성을 전담하는 '공원여가국'이 신설돼 '힐링 도시 관악', '정원 도시 관악' 만들기에 구성원 모두가 힘을 쏟았고, 그 노력은 지금 빛을 발하고 있다.

2024년 관악구의 본예산 총액은 1조 30억 원이었다. 1조 원이 넘는 예산은 개청 이후 최초였다. 이는 5년 전과 비교해 46%가 증가한 액수로 같은 기간 다른 자치구들의 평균 증가율을 웃돈 놀라운 수치였다.

나는 민선 7기 출범 이후 외부 재원 유치를 전담하는 '대외정책팀'을 신설해 운영해왔다. 대외정책팀 팀원들을 중심으로 관악구 전 직원이 하나가 되어 재원 확보에 노력해온 덕분에 이렇게 풍성한 결실을 거두었다고 생각한다.

예산 1조 원 시대에 접어든 관악구는 푸른 청정 자연 관악에서 관악구민들은 물론이고 다른 지역 거주자들도 몸과 마음을 재충전하면서 행복을 느낄 수 있는 '힐링 인프라' 구축에 중점을 두었다.

'머물고 싶은 자연 천변'으로 거듭난 별빛내린천과 11곳의 황톳길은 힐링의 성지로 떠올랐다. 11곳의 황톳길 중 가장 길이가 긴 '신림계곡지구 황톳길'은 관악산을 오가는 등산객들로 가을철 내내 북적거렸다.

별빛내린천은 4년 반 동안 시비 375억 원이 투입돼 생태하천으로 복원됐는데, 특히 경전철 신림선 개통을 계기로 접근성이 부쩍 좋아졌다. 겨울밤 낭만과 추억을 선사하는 '관악별빛축제'는 2024년을 기준으로 4년째를 맞이했다. 이 축제는 인근 상권의 활성화에 톡톡히 기여함으로써 불경기로 힘들어하는 관내 상인들의 근심과 걱정을 크게 덜어주었다.

관악구는 인프라의 균형 잡힌 발전에 각별한 신경을 기울여왔다. 신림권역은 2022년 관악가족행복센터가 들어서면서 온 가족이 함께 복지를 누릴 수 있는 문화공간으로 자리매김했다. 이곳에서는 놀이체험관, 육아센터, 여성교실 등이 활발하게 운영되고 있다. 기존의 낡은 시설을 전면적으로 새 단장한 관악산 으뜸공원과 관악아트홀 예술산책길에서는 야외도서관을 비롯한 다채로운 문화 행사가 개최돼왔다.

봉천권역에는 '청년수도 관악'의 심장으로 불려도 손색이 없는 시설과 인력을 자랑하는 관악청년청이 당당히 자리하고 있다. 2024년에 개관한 '어르신행복센터·50플러스센터'는 중장년층 세대와 어르신들이 제2의 인생 설계를 하는 일을 친절하게 돕고 있다.

관악구는 구민들의 다양한 여가 생활을 위한 힐링 인프라의 충전에 잠시도 손을 놓지 않았다.

낙성대공원에는 대규모 장미터널과 수국정원을 설치해 주민들에게 개방했다. 생활체육을 즐기는 구민들로 열기가 뜨거운 관악산 부근에는 낙성대지구 축구전용구장과 산지형 난곡지구 파크골프장9홀을 개장하여 큰 호응을 얻었다. 이 사업들은 관악산에 모두 24개의 공원을 조성하는 '관악산공원 24' 프로젝트의 일환으로 성공적으로 추진돼 왔다.

관악구는 주민들 곁에서 언제든 다가갈 수 있고 소통할 수 있는 공간을 만들기 위해 지난 임기 내내 쉼 없이 달려 왔다.

서울신문 / 2024.11.19.

치매 어르신 한 분을 돌보려면
온 마을이 필요하다

관악구는 치매나 인지 저하를 겪는 어르신들과 더불어 살아가는 동네를 만들기 위한 '치매안심경로당'의 문을 열었다. 2026년이면 서울시도 65세 인구가 전체 거주자의 20%가 넘는 초고령 사회에 진입할 것으로 전망되는 상황이기 때문이다. 따라서 노후 복지를 높이기 위한 다양한 접근과 방법의 개발이 필수적이 되었다.

나는 2024년 11월 18일, 봉천동에 자리한 백설경로당에서 진행된 첫 번째 관심冠心·관악 마음 치매안심경로당 현판식에 참석했다. 이 자리에서 나는 경로당이 치매 노인과 가족들의 마음을 이해하고, 그분들과 함께하는 환경을 만드는 일에 앞장서준 데 대해 진심으로 감사하는 마음을 전했다. 그리고 치매를 겪는 환자와 가족들을 위해 최선을 다하겠다고 다짐했다. 관악구는 약속대로 2024년 연말까지 관악구 전체 경로당에 치매안심경로당 현판을 부착하는 작업을 완료했다.

관악구는 치매에 대한 부정적 편견을 해소하기 위한 실천 약속을 담은 '치매안심경로당 헌장'도 제정했다. 또한 치매 환자와 경로당 어르신이 공유하는 '추억이 담긴 우리 엄마 손맛' 책자도 제작했다.

사업 추진 당시 관악구의 65세 이상 노인 인구 비율은 이미 18%였다. 서울시의 다른 자치구에 비하면 높은 편이다. 관악구는 이러한 인구 구조의 변화에 선제적으로 대응하는 차원에서 치매안심마을, 스마트 경로당같이 어르신들의 복지를 증진하는 데 필요한 노력을 다각도로 기울여왔다.

관악구가 2018년부터 운영해온 치매안심마을은 경로당에서 치매예방교육을 실시하고 치매 파트너를 양성하는 일을 주요한 기능과 역할로 삼았다. 관악구 보건소는 치매안심센터를 13년 이상 운영해온 전국 유일 기관이다. 관악구는 2024년에는 스마트 헬스케어 시스템을 갖춘 스마트 경로당을 기존 10곳에서 35곳으로 대폭 확대했다. 이곳에서는 사물인터넷IoT을 활용해 개인 맞춤형 건강 관리를 수행하는 동시에 어르신들께는 아직 불편한 키오스크 활용법도 익힐 수 있다.

인지 능력 향상에 도움이 되는 '스마트 테이블' 서비스도 도입되었다. 화상 프로그램으로 다른 경로당과 실시간으로 소통하면서 레크리에이션 활동을 함께할 수 있다. 이를 위해 관악구는 당시2024년 경로당의 월간 운영비를 전년 대비 2만 원 증액하여 지원하기도 했다.

2024년 9월에 봉천동에서 문을 연 관악어르신행복센터에는 대한노인회 관악구지회가 입주해 있어 어르신들의 여가 활동과 노인 일자리 알선을 지원하고 있다. 이곳에는 체력단련실, 맞춤형 상담실 같은 시설이 구비돼 있다. 신림동에는 2027년 준공을 목표로 '구립 노인 종합 복지단지' 건설을 추진 중이다. 관악구는 가족과 나라를 위해 청춘을 바치신 우리 어르신들의 행복한 노후를 보장하기 위해 어르신들의 복지 강화와 향상을 위한 지원을 아끼지 않을 것이다.

서울신문 / 2024.12.05.

건강은 쑥,
치매 걱정은 싹!

나는 2024년 4월 1일 오후 서울 관악구 청림동 청림어울림길 산책로에서 열린 '치매안심노리터'老利攄에 참여했다. '효자 구청장'을 자임해온 나로서는 결코 빠질 수 없는 중요한 자리였다. 나는 "100세 시대에 치매는 더 이상 개인의 문제가 아니라 사회적 질환입니다. 어르신들의 치매 예방과 치료를 사회가 책임지도록 관악구가 앞장서겠습니다"라고 강조했다.

치매안심노리터는 '어르신들을老 이롭게利 하기 위해 만든 자리攄'라는 의미이다. 어르신들께서 힘든 몸을 이끌고 관련 시설을 찾아가실 필요 없이 인근에서 즐길 수 있는 '야외 놀이형 치매 예방 프로그램'을 만들겠다는 취지이다. 이 프로그램은 2023년 관악구가 전국 최초로 시작해 큰 호응을 얻고 있다.

나는 먼저 '기억회상' 활동에 참가해 1970년대 스타일의 교복과 모자를 쓰고 어르신들과 함께 단체 사진을 촬영했다. 이어서 전문 운동 강사의 지도 아래 진행된 '홈트레이닝 체험'에서는 두 팔을 벌리고 한쪽 다리를 든 채 균형을 잡고 버티는 연습도 해보았다.

다음 차례인 기억력 테스트에선 '종이컵 외우고 쌓기' 프로그램이 펼쳐졌다. 종이컵을 배열한 그림을 3초간 보여준 뒤 배열됐던 종이컵들의 순서를 기억했다가 그대로 종이컵을 쌓는 방식의 훈련이었다. 나는 이 단계를 다행히 통과했다.

언어능력 테스트는 딱지 뒷면에 적힌 글자들로 신속하게 단어를 만든 후에 다른 딱지로 단어 딱지를 내리쳐 뒤집는 시험이었다. 나는 '약국'이란 단어를 만들고 뒤집었다. 이날 열린 치매안심노리터에는 150여 분의 어르신들께서 참가해주셨다.

민선 8기 관악구는 공약한 대로 2025년에 4개 동을 추가해 총 17개 동을 '치매안심마을'로 지정했다. 2026년 상반기까지는 관내의 21개 동 전체를 치매안심마을로 조성하는 목표를 반드시 완수할 것이다. 치매안심마을로 지정되면 8차례에 걸쳐 치매안심노리터가 운영된다.

치매라는 단어는 '어리석다'는 부정적 뜻을 포함하고 있다. 그렇기 때문에 우리보다 먼저 초고령화 사회에 진입한 일본에서는 이를 '인지증'認知症으로 순화해 부르고 있다. 우리도 치매라는 용어부터 중립적 표현으로 바꿀 수 있도록 국회가 입법에 적극 나서 주었으면 좋겠다.

문화일보 / 2025.04.02.

함께 먹는 혼밥의
낭만과 미학

나는 서울 관악구 대학동의 어느 조용한 주택가 골목으로 향했다. 이곳에 위치한 관악사회복지가 운영하는 '이웃사랑방'에서 때마침 인근에 거주하는 1인 가구 주민들이 모여 음식을 주제로 차담회를 진행하고 있었기 때문이다. 참석자들이 최근 1~2주 동안 했던 식사들 가운데 '나를 위로해 줬던 음식'을 떠올리며 이웃들 사이의 마음을 나누는 따뜻한 자리였다.

음식 이야기에 앞서 발달장애인 작가의 작품으로 제작된 엽서를 활용해 '요즘 기분'과 '오늘 사랑방을 방문할 때의 마음'을 공유하는 행사가 진행됐다. 24장의 엽서들 가운데 자신의 기분과 마음을 가장 잘 표현해주는 2장을 골라 설명하는 방식이었다. 다음에는 간단한 카나페를 만들어 먹으며 식재료에 관한 유용한 설명을 듣고 감자탕에 얽힌 이야기를 나눴다. 감자탕은 오늘 이곳에 온 참석자들이 직접 만들어 나눠 먹을 음식이었다.

이웃사랑방은 사회적으로 고립될 위험이 있는 주민 누구나 머무를 수 있는 공동체 공간이다. '고독사 예방 및 관리 시범사업' 공모를 통해 지역에서 30년간 주민 지원활동을 해온 관악사회복지가 이곳의 운영을 맡고 있다.

이웃사랑방은 주민들 상호 간에 친밀한 관계망을 형성할 수 있도록 도와주는 다양한 과정들을 운영해왔다. '나를 위한 음식 만들기'는 그러한 과정들 중 하나이다.

활동가들의 도움을 받아 이웃사랑방에서 이른 저녁을 해결한 주민들은 '2인분 같은 1인분'을 포장해 돌아갔다.

이후 관악구는 공유주방 내부의 조리도구와 양념 등을 활용해 주민들이 자유롭게 식사 준비를 하도록 지원 시스템을 안착시켰다. 이를 위해 활동가들이 이웃사랑방에 교대로 상주하면서 조리과정을 도와주었고, 지금은 주민들 스스로 능숙하게 이용하고 있다. 이와 함께 관악구는 밥을 같이 먹는 식구食口가 되는 경험을 한 주민들이 다시 이웃을 위한 '서로 나눔 밥상' 자원봉사자로 참여하도록 유도하는 데 성공했다. 도움을 받던 분들이 이제는 기쁨을 나누는 '아름다운 선순환'이 일어난 것이다.

대학동에는 현재 '이웃사랑방'이 자리해 있다. 은천동에는 중장년 1인가구를 위한 '은천마을 빨래터'가, 행운동에는 '행운목공방, 나무로 연결하는 마음'이, 신림동에는 '온기 담는 공방'이 각각 들어서 주민들의 사랑방 역할을 톡톡히 하고 있다. 21개 동 전체가 고립·은둔 중장년 노인 등 1인가구를 위한 생활밀착형 지원사업을 빈틈없이 수행하고 있는 셈이다.

관악구는 서울시 자치구를 통틀어 1인 가구의 비율이 62.7%로 제일 높은 지역이다. 관악구청은 민간 부문과 협력해 관악구민 그 누구도 고독감과 소외감을 느끼지 않도록 앞으로도 화목한 '포용도시'를 진심과 애정을 담아 만들어나가겠다.

내일신문 / 2025.05.12.

도시농업으로 경작과 치유의
두 마리 토끼를 잡다

서울 관악구는 '도시농업의 소리 없는 강자'로 조용하지만 확실하게 떠올랐다. 도시농업은 도심 속 자연에서 친환경 작물을 경작하는 동시에 농사와 관련된 다양한 프로그램을 체험하며 여가도 즐길 수 있도록 해준다. 땀방울을 흘리면서 힐링도 하는 두 마리 토끼를 모두 잡을 수 있는 활동이 도시농업인 이유다. 지난 8년간 관악구는 '경작'과 '치유'가 유기적인 관계를 형성하고 있는 도시농업을 선도해 왔다. 관악구는 앞으로도 차별화된 서비스를 지속적으로 개발해 구민들의 힐링을 돕겠다는 약속을 성실히 이행 중이다.

관악구가 운영하는 도시농업 프로그램들의 참여자 수는 2024년에는 6,626명까지 늘었다. 2022년에 2,987명이던 수강 인원이 두 배가량 가파르게 증가한 수치다. 이는 관악구가 '관악도시농업지원센터'와 '강감찬도시농업센터'를 거점으로 매력적인 프로그램을 운영한 결과라고 자부한다.

관악구는 2019년 삼성동에 관악도시농업지원센터를 준공하면서 도시농업의 첫 삽을 떴다. 2021년 낙성대공원 인근에 강감찬도시농업센터를 건

립해 도시농업의 다양성을 대폭 확장했다. 이러한 다변화 전략을 바탕으로 관악구는 농업교육 프로그램은 물론, 채집된 토종씨앗을 대출해주는 '씨앗도서관', 토종씨앗 채취를 위한 '채종포', 미술품을 전시하는 '특별전시관'까지 운영하며 도시농업의 품격을 높였다.

관악구의 도시농업 프로그램은 꾸준하게 진화해, 2024년부터는 콘텐츠 공모전을 거쳐 프로그램을 선정했다. 그 결과 2025년에는 운영 중인 프로그램만 31개로 크게 늘리는 성과를 냈다. 이들 가운데는 '텃밭브런치 한접시', '혼술족을 위한 페어링 푸드', 등 외부 강사 프로그램이 22개나 된다. 여기에 덧붙여 '퇴근 후 농업생활', '금요 와인 탐구생활', '나를 돌보는 한 끼' 등 야간 프로그램 5개와 직영 강사 프로그램 4개를 개설해 주민들에게 큰 사랑을 받았다.

관악구의 도시농업 프로그램이 경작 관련 프로그램에만 멈추지 않고 정원, 미술, 화분, 허브 만들기 등 풍성한 활동을 개발한 성과이다.

특히 강감찬도시농업센터의 대표 프로그램인 '온실 속 가드닝'은 수강 신청률과 출석률 모두 100%를 기록하며 큰 호응을 얻었다. 이곳에서는 매월 대표 식물을 선정해 가정에서도 가꿀 수 있는 화분을 제작하고 있다.

관악구는 양봉사업을 직영하는 서울 내 유일한 자치구이기도 하다. 관악구는 매해 양봉 전문가를 초빙해 '관악 도시 양봉', '텃밭 곤충과의 하루'와 같은 프로그램을 운영해왔다. '관악 도시 양봉'의 경우에는 총 8회를 수강하면 참가자가 직접 양봉을 할 수 있는 수준이 되도록 수업 과정을 파격적으로 구성해 전문성을 인정받았다.

관악구는 '관악 도시농업축제'를 2024년까지 총 7차례 개최하며 축제의 전통을 이어왔다. '나의 텃밭 농작물 뽑내기', '관악산 꿀 시식'처럼 도시에서는 쉽게 접하기 힘든 농촌 생활상을 경험하도록 했다. 아울러 '텃밭 브런치', '허브 모히또 만들기', '반려식물 체험', '곤충 탐색' 등의 교육시간도 마련해 축제의 깊이를 더했다.

무엇보다 관악구는 2025년에는 '힐링·정원 도시' 조성에 주력했다. 이를 위해 마을정원사 양성 프로그램인 '관악 힐링 가드너' 1기를 모집해 성공적으로 배출한 바 있다. 주민이 직접 정원을 가꾸며 힐링할 수 있도록 배려함으로써 지속 가능한 정원 문화를 관악구가 선도적으로 조성하겠다는 의지와 비전이 고루 담긴 기획이었다.

관악구는 시민들의 호응에 힘입어 서울시 자치구 중에서 가장 풍성하고 풍요로운 친환경 도시텃밭을 운영하고 있다. 2025년에는 총 1,496구획을 확보함으로써 전년 대비 237구획이 늘어났다. 도시농부도 1,210명을 모집하였다. 차별화되고 특화된 도시농업 프로그램은 중노년층에게는 가성비 좋은 여가 공간을 제공해준다. 또한 젊은 청년 세대에게는 식탁 위에 올라오는 싱싱한 먹거리들의 소중함을 일깨워 줄 수 있다.

관악 도시농업공원은 도심 속의 작은 농촌이자 콘크리트 빌딩 숲에서 살아가는 도시민들에게 힐링을 선사하는 소중한 공간이다. 이곳에서 이웃과 함께 작물을 가꾸고 소통하는 과정을 경험하며 구민들은 연대와 공존의 정신이 살아 있는 '따뜻한 공동체'의 중요성을 체감할 수 있다. 관악구는 지역 공동체의 확장과 발전을 위해 앞으로도 다양한 프로그램을 지속적으로 발굴하고 확대해 나가겠다.

이투데이 / 2025.05.21.

2025~2029 국무총리 지정
청년
친화
도시
서울특별시 관악구
국무조정실

청년이 온다,
관악이 커진다

2025년 6월 4일, 서울 관악구 봉천동에 자리한 주방용품 소품샵 '카페앳홈'에서는 청년문화존 원데이 클래스가 열렸다. 나는 이 행사에 청년들과 함께 참여해 친환경 천연 수세미를 직접 만들어보는 체험을 했던 기억이 난다.

강사의 지도를 따라 천연 수세미를 만들면서 정말 오랜만에 바늘과 실을 잡았다. 서툰 솜씨였지만, 10여 명의 참가자 모두가 직접 만든 수세미를 아기자기한 소품과 함께 각자의 봉투에 넣으며 즐거워하던 모습이 지금도 눈에 선하다.

관악구는 청년 인구의 비율이 전국에서 1위인 지역이다. 청년문화존은 청년들이 문화예술 체험을 통해 허심탄회하게 소통할 수 있도록 마련한 프로그램이다. 2020년부터 시작된 청년문화존은 참여한 청년들과 업체들의 입소문을 타면서 자연스럽게 확대되었다.

청년문화존은 관악구가 청년 문화가 꽃피는 청년 친화 도시로 진화하도록 이끌어온 주요한 원동력이었다. 나는 관악의 청년 문화를 활성화하는 모임이 늘어날 때 주민 자치가 비로소 완성될 것이라고 확신한다.

프로그램 참가자들의 열띤 호응에 힘입어 2025년 청년문화존에는 2024년보다 한 군데 더 늘어난 17개 업체가 참가했다. 업사이클링 문화 활동을 체험할 수 있는 '1.5도씨', 연극배우와 공연 제작을 할 수 있는 '주책필름', 브레이킹 댄스를 배울 수 있는 '예슬스튜디오' 등이 2025 청년문화존을 빛나게 한 주인공들이었다.

우리나라 최초의 청년친화도시로 선정된 관악구는 청년이 의사결정의 주체로서 공공정책 과정에 참여할 수 있도록 지원하고 있다. 특히 문화 생태계 조성을 위해 관악청년청, 신림동쓰리룸, 문화플랫폼 S1472, 별빛내린천 버스킹존 등 문화와 예술이 만개할 수 있는 공간을 착실하게 구축해왔다. 2023년에 개관한 관악청년청은 2025년 5월 기준으로 누적 방문객 13만 명을 돌파하는 등 '청년의, 청년에 의한, 청년을 위한' 종합 활동 거점 공간으로서의 입지를 확실히 굳혔다.

관악구에 마련된 다양한 문화공간을 청년들이 적극적으로 방문해 활용함으로써 소상공인들의 생활 안정과 지역경제 활성화에도 실질적인 도움이 되고 있다. 관악구는 지역 내 다양한 문화 거점을 기반으로 청년들이 더불어 성장할 수 있도록 적극적으로 지원해 나가겠다.

서울신문 / 2025.06.17.

관악구 물놀이장은
언제나 어린이날

2025년 7월 29일, 서울시 온도계의 수은주는 36도까지 치솟았다. 시가지는 뜨거운 가마솥처럼 펄펄 끓고 있었다. 그러나 그해 7월 12일, 약 2,800㎡ 부지에 개장한 '관악산공원 어린이 물놀이장'은 더위를 시원하게 날려버리는 짜릿한 활기로 가득했다. '유명 워터파크인 캐리비안베이가 부럽지 않다'는 이야기가 이구동성으로 나올 정도의 시설과 분위기였다.

관악산공원 어린이 물놀이장은 서울지하철 신림선 관악산역에서 걸어서 5분 거리에 위치해 도심에서 가깝다. 그러나 이곳이 서울이라는 사실이 무색할 만큼 신선한 공기와 맑은 계곡을 만날 수 있다.

관악산공원 입구에는 귀엽고 친근한 너구리 얼굴을 붙인 전동카트 두 대가 무료로 운행하며 무더위에 지친 시민들의 다리가 되어 주어 큰 인기를 끌었다. 카트를 이용하면 물놀이장까지 2분 남짓 만에 도착할 수 있다. 2024년에 실시한 만족도 조사에 이동 거리가 부담스럽다는 답변이 많았던 터라 관악구가 2025년부터 전격적으로 도입한 서비스였다. 시민들의 작은 불편도 소홀히 여기지 않으려는 '눈높이 행정'의 결실이었다.

물놀이장 바로 뒤편의 신림 계곡은 서울에서는 보기 드문 맑고 청량한

자연환경을 유지하고 있다. 이곳이 '도심 속의 작은 휴양지'라는 찬사를 받는 이유이다.

관악산공원 어린이 물놀이장은 분수처럼 솟아오르는 물줄기와 워터터널, 우산형 워터드롭 등 대형 워터파크에 못지않은 시설을 갖췄다. 이뿐만이 아니다. 계곡을 따라 황톳길이 조성되어 물소리와 새소리를 들으며 황토 위를 시원한 맨발로 걷고 난 후에는 세족장에서 깨끗하게 발을 씻을 수 있다. 몸이 가벼워지면서 마음까지도 맑아지는 힐링 코스이다.

또한 물놀이장 안에는 온열 질환 센터가 마련돼 있어 구민들의 여름철 건강을 든든히 지켜 주었다. 에어컨이 가동되는 쉼터 안에서 잠시나마 더위를 잊을 수 있었다. 곳곳에 배치된 안전요원들이 안전관리를 책임지고 있었으며, 물놀이장 수질은 주 1회 이상 정기적으로 검사하여 위생 안전에도 만전을 기했다.

2025년 관악구는 이와 같은 '동네 안의 여름휴가'를 위해 관악산 물놀이장을 포함해 총 8군데에 물놀이장을 설치해 운영했다. 2024년부터는 '합실·새숲·중앙·비안 어린이공원' 또한 물놀이터로 재단장해 우리 집 앞의 피서지로 단장했다. 특히 2025년 7월 초부터 운영에 들어간 '별빛내린천 어린이 물놀이장' 역시 터널분수와 더불어 동네의 새로운 여름철 명소로 자리 잡았다.

관악구 물놀이장의 최대 장점은 고물가 시대에 무료로 모든 시설을 이용할 수 있다는 점이다. 매년 여름마다 온 가족이 부담 없이 '우리 동네 피서지'를 찾아주시기를 바란다.

대한경제 / 2025.07.30.

관악구 내 115개 경로당을
모두 찾아뵙다

나는 2025년 7월 28일 아침, 관악구 내에 있는 경로당 중 한 곳인 신원경로당에 들어서자마자 어르신들께 큰절부터 올렸다. 그리고 어르신들의 건강과 안부를 여쭌 다음 "날이 더워졌는데 에어컨은 시원하게 틀고 지내시는지 보러 왔습니다. 냉방비는 관악구가 지원하니 걱정하지 마세요"라고 말씀드렸다.

폭우와 찜통더위가 교대로 이어지는 여름철은 어르신들께는 특히 힘든 계절이다. 나는 어르신들께서 여름철을 어떻게 지내고 계신지를 살피기 위해 2025년 6월부터 관악구에 소재한 115개 경로당을 하루에 적게는 네 곳, 많을 때는 여덟 곳을 꾸준히 방문했다. '찾아가는 이동관악청'의 실천이었다. 경로당에서의 평소 생활에 불편함이 없는지 직접 여쭙고 확인하는 자리였다.

나는 어르신들이 건강하게 여름철을 보내실 수 있도록 방문한 경로당의 냉방시설 온도는 물론이고 주방시설 등 각종 물품의 보관 상태를 살폈다.

임경애 신원경로당 총무께서는 벽걸이형 선풍기가 좀 더 있으면 좋겠다는 말씀과 함께 싱크대가 너무 오래됐다는 고충을 토로하셨다. 내가 선풍기를 추가로 설치하고, 노후한 주방 시설도 교체해드리겠다고 하자 경로당에 모인 30여 명의 어르신들께서는 마치 아이들처럼 환한 미소를 지으며 좋아하셨다. 구청장으로서 너무나 가슴 뿌듯한 순간이었다.

관악구는 경로당의 여름철 냉방비를 서울시 기준인 2개월보다 한 달 더 많은 3개월 치를 지원하고 있다. 여기에 더하여 2025년도부터는 경로당의 주방용품 교체 비용도 추가로 지원하는 중이다.

나는 개별 경로당에서 운영 중인 프로그램을 확인한 다음 어르신들께서 더 적극적으로 참여해주시면 좋겠다는 말씀을 조심스럽게 드렸다. 어르신들은 집에 계시다 보면 으레 이런저런 시름을 잊을 날이 없기 마련이다. 그것보다는 경로당에 오셔서 온갖 시름을 잊으실 수 있도록 관악구는 더욱더 알찬 프로그램들을 마련해 나가고 있다.

나는 신원경로당에 이어 신일경로당에도 들렀다. 이곳 어르신들께서는 정확한 자세로 운동을 할 수 있도록 대형 거울을 설치해 달라고 하셔서 나는 관악구 담당자가 방문해 즉시 조치를 취하겠다는 답을 드렸다.

어르신들의 편안한 노후와 건강한 생활을 위해서는 치매 예방을 위한 인지선별검사와 치료가 특히 중요하다. 관악구는 전체 21개 동을 치매안심마을로 지정해 치매 예방에 힘을 쏟고 있다. 내가 이날 방문한 경로당들은 치매안심경로당이었다. 관악구는 어르신들께서 집에서 멀리 떨어진 낯선 요양원으로 가지 않고 사랑하는 가족들과 가까이 지내실 수 있게끔 요양원과 복지관을 모두 갖춘 '노인종합복지타운'을 2027년까지 준공하기로 했다.

어르신들의 건강과 행복을 책임지는 첫 번째 공적인 주체는 최일선 기초자치단체인 구청이어야만 한다. 구청장이 '친자식 못지않은 효자' 노릇을 자청해야 하는 이유이다. 나는 앞으로도 초심을 잃지 않을 것이다.

서울신문 / 2025.08.04.

저는 듣는 구청장,
소통하는 구청장입니다

나는 소통과 협치를 관악구청장 취임 이래 정책의 핵심가치로 설정하고 '현장 중심 공감행정'을 지향해왔다. 그러한 현장중심 행정의 일환으로 2025년에는 40여 곳의 학교를 돌며 학부모님들의 의견을 경청했다.

2025년 9월 15일에는 관악구 삼성동에 자리한 신우초등학교를 찾았다. 이곳에서 '학교로 찾아가는 관악청'聽 프로그램이 진행됐기 때문이다.

학교를 찾은 나에게 학교 측과 학부모님들께서 많은 건의를 해주셨다. 김희정 교장께서는 인터넷 네트워크 환경 개선과 체육관 안전 환경 개선 예산 지원을 부탁하셨다. 간담회에 참석한 학부모님들께서는 학교 앞 낡은 육교를 철거하고 스마트 횡단보도를 설치하는 안전 대책이 필요하다는 의견을 말씀해 주셨다.

나는 김희정 교장에게 즉석에서 지원을 약속했다. 육교 철거 작업과 관련해서는 노후한 육교를 철거하고 아이들이 안전하게 보행할 횡단보도를 만들겠다고 답변드렸다. 아이들의 교육 및 안전과 관계있는 과제는 구청이 일방적으로 추진하기보다는 현장에서 필요한 요소와 조치들이 무엇인지를 직접 들어봐야 제대로 된 지원이 가능하다.

'관악청'의 명칭에는 '들을 청'聽자가 들어간다. 소통을 중시하겠다는 철학이 반영된 이름이다. 나는 2021년부터 구청장이 학교로 직접 찾아가는 관악청을 시작했다. 그동안 100여 개가 넘는 학교를 방문해 수천 명의 학부모님들과 학교 관계자들을 만나, 수백 건에 달하는 건의사항을 신속하게 처리했다.

2025년에는 41곳을 대상으로 '학교 관악청'을 진행해 이날까지 통틀어 총 36개 학교를 찾아갔다. 교육에 대한 관심은 예산에도 고스란히 반영됐다. 내가 2018년 처음 구청장이 됐을 때 약 15억 원이던 '교육경비 보조금'이 2025년에는 100억 원까지 늘어났다. 무려 7배 가까이 증가한 셈이었다. 이는 관악의 미래인 아이들에게 아낌없이 투자하겠다는 내 의지의 표현이다.

행정가는 행동으로 증명하는 사람이다. 그리고 언제나 귀를 여는 사람이다. 발로 뛰며 민심을 경청하는 자세는 이재명 정부가 선포한 역사적인 '국민주권정부' 시대에 참다운 목민관牧民官이 반드시 갖춰야 할 기본 덕목일 것이다.

문화일보 / 2025.09.17.

엄마가 행복한 관악을
꿈꾸고 만들다

나는 2025년 8월, 갓 문을 연 '서울형 키즈카페 은천동점'의 일일 직원으로 근무를 시작하며 "오늘은 예전에 대야에서 아이들 목욕을 시켜준 실력을 발휘해보겠습니다"라는 소감을 말했다. 우리 아이들이 어릴 때 큰 대야에서 목욕을 시켜주던 일이 마치 어제 일처럼 떠올랐기 때문이다.

서울형 키즈카페 은천동점은 관악구에서 다섯 번째로 생긴 서울형 키즈카페이다. 동시에 이곳은 서울 시내에서는 유일하게 생후 6개월 이상 24개월 미만 영아 전용의 '베이비 스파' 시설을 갖추고 있다.

입욕 전에 노래에 맞춰 준비 운동을 한 다음 물속에 들어간 아이들은 욕조 바닥에서 몽글몽글 솟구쳐 오르는 공기 방울이 마냥 신기해하는 눈치였다. 아이들의 웃음소리와 물장구치는 소리는 마치 천사들의 합창처럼 들렸다. 내가 태엽을 감아 분수처럼 물이 튀는 장난감을 보여주자 아이들은 맑은 눈동자를 빛내며 호기심 어린 시선으로 바라봤다.

관악구는 아이들이 다양한 경험을 할 수 있는 서울형 키즈카페를 만들기 위해 여러 가지 고민을 거듭했다. 그 결과 베이비 스파를 만들었는데 다행히 예상대로 폭발적인 호응을 얻었다.

저렴한 비용으로 쾌적하고 안전하게 아이들이 물놀이를 할 수 있다는 이야기가 알음알음 입소문을 타면서 개관 한 달 만에 1,000명 이상이 이곳을 다녀갔다. 민간이 운영하는 영유아용 스파는 요금이 시간당 2만 원을 훌쩍 넘는다고 한다. 부모들로서는 적잖이 부담되는 액수이다.

그러나 서울형 키즈카페 은천동점은 단돈 3,000원만 내면 입장이 가능하다. 개인 수영복과 방수 기저귀 정도만 준비물로 지참하면 된다. 욕조의 물 온도는 35도를 일정하게 유지하도록 했으며, 튜브를 비롯한 각종 물놀이 용품과 수건 등을 자유롭게 이용할 수 있도록 배려했다.

서울형 키즈카페 은천동점은 화요일부터 일요일까지 한 번에 최대 6가구씩 하루 3회차로 운영된다. 서울시민이라면 누구나 '우리동네키움포털'에서 온라인으로 사전 예약한 뒤 이용할 수 있다.

관악구는 특색 있는 서울형 키즈카페를 꾸준히 늘려왔다. 미술 특화형 '난곡동점'에서는, 물감 놀이를, '행운동점'에서는 집라인과 암벽 오르기 같은 활동적인 운동을 즐길 수 있도록 했다.

기존에 공동육아방으로 사용되던 '보라매동점'과 '난향동점'도 밀가루 놀이와 도자기 만들기가 가능한 오감 체험형 키즈카페로 각각 탈바꿈했다. 2026년 상반기에 개장 예정인 '성현동점'에서는 아이들이 카레이싱을 즐길 수 있도록 관련 작업을 진행하고 있다.

아이들이 행복하면 모두가 행복하기 마련이다. 이를 위해서는 육아하기 좋은 환경이 마련되어야만 한다. '육아하기 좋은 관악'을 만들기 위해 관악구는 앞으로도 최선을 다해 다양한 보육 공간을 조성하도록 하겠다.

서울신문 / 2025.11.05.

한국 ESG대상
지방자치단체 부문 '대상' 수상

관악구는 2025년, '제3회 한국ESG대상' 지방자치단체 ESG부문종합부문에서 대상을 수상하는 영예를 안았다.

한국ESG대상은 사단법인 한국ESG학회와 국민일보가 공동 주관해 환경E, 사회S, 거버넌스G 세 영역에서 ESG 경영을 선도하며 우리 사회에 긍정적 변화를 가져온 기관과 개인을 발굴해 시상하는 제도이다.

ESG 심사위원회는 사법부, 지방자치단체, 개인 등 총 18개 분야에 걸쳐서 △탄소 감축 △인권 존중 △투명경영 등의 중요한 ESG 실천 항목들의 지속가능성과 효과성을 평가했다.

관악구는 '미래를 꿈꾸는 도시, The(더) ESG 관악'의 비전 아래 환경, 사회, 거버넌스 3개 분야에서 20개 부서가 46개 사업을 추진했다. 이와 같은 '관악형 ESG 행정'을 기반으로 관악구는 ESG 전 분야에서 균형 있는 성과를 창출해왔다는 긍정적 평가를 받았다.

관악구는 환경 분야에서 특히 주목할 만한 성과를 거뒀다. '기후 위기 대응'을 핵심 과제로 선정해 탄소중립 정책을 강화함으로써 높은 평가를 받았기 때문이다.

이를 위해 관악구는 2030년까지 온실가스 40% 감축을 목표로 △건물 △수송 △폐기물 △흡수원 △재난 대응 등 5대 분야에서 96개의 세부 사업을 빈틈없이 추진해 왔다. 관악구가 서울시 최초로 '재활용 전용 봉투'를 제작해 구민들에게 무상으로 배부하고, 전국 최초로 '폐식용유 스마트 수거함'을 운영하는 등 지역 주민과 함께하는 환경 보호 체계를 구축한 점이 특히 높은 평가를 받은 것으로 분석되고 있다.

관악구는 사회 분야에서는 지역 인구구조 변화에 선제적으로 대응하는 복지 모델을 발굴·시행함과 아울러 지속가능한 경제 성장 생태계를 구축함으로써 '함께 사는 지역공동체' 조성에 힘써왔다.

거버넌스 분야에서의 진보도 두드러졌다. 관악구는 주민참여예산, 지역협치 등 주민참여 강화를 통한 '주민주권' 구현으로 행정의 투명성과 책임성을 동시에 강화함으로써 행정 전반의 신뢰도를 높이는 데 성공했다.

관악구는 이처럼 구정 운영과 정책 전 과정에 지속가능발전 관점을 반영하고 ESG 가치 확산에 앞장서 주민과 함께 '지속 가능한 미래 도시'를 만들어왔다. 관악구는 '지방자치단체 ESG부문종합부문 대상' 수상을 계기로 기후위기 대응, 사회적 포용, 투명한 거버넌스 실천 등을 위한 공적 책무를 강화해 '지속가능발전을 선도하는 모범 도시'로 더욱 힘차게 도약해 나아가겠다.

문화경제 / 2025.12.14.

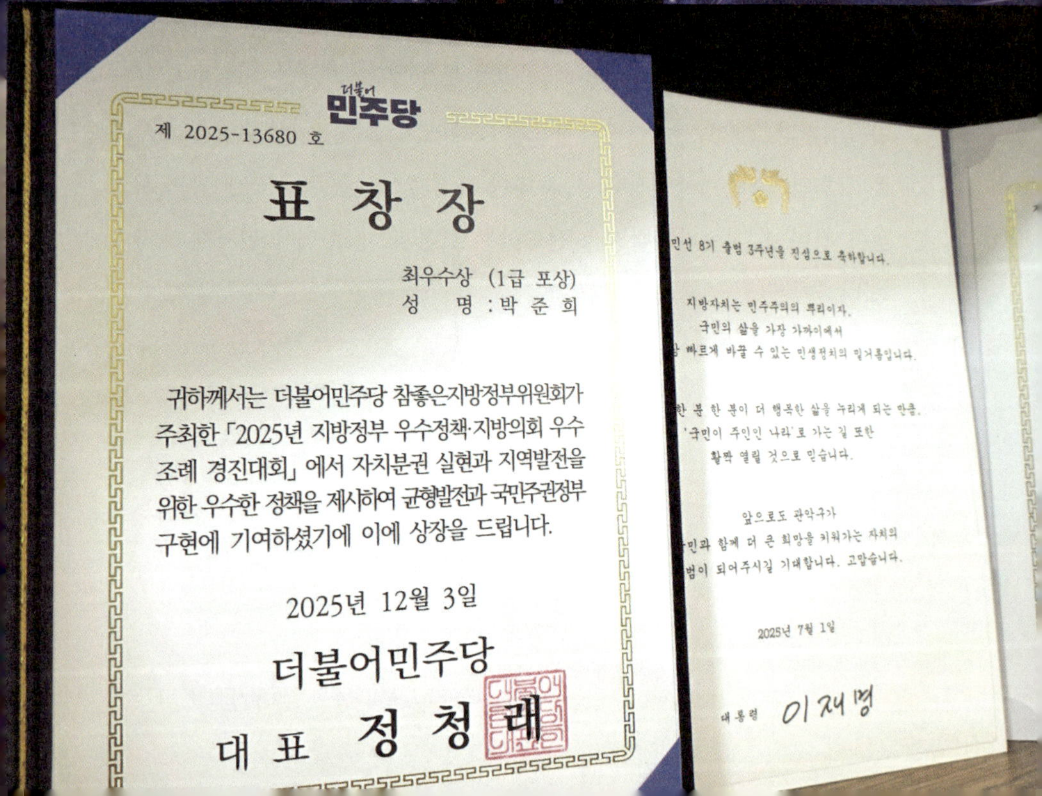

오직 당원을 위한 하루
민주대상

더불어 민주당

제 2025-13680 호

표 창 장

최우수상 (1급 포상)
성   명 : 박준희

귀하께서는 더불어민주당 참좋은지방정부위원회가
주최한 「2025년 지방정부 우수정책·지방의회 우수
조례 경진대회」 에서 자치분권 실현과 지역발전을
위한 우수한 정책을 제시하여 균형발전과 국민주권정부
구현에 기여하셨기에 이에 상장을 드립니다.

2025년 12월 3일

더불어민주당
대표 정청래

민선 8기 출범 3주년을 진심으로 축하합니다.

지방자치는 민주주의의 뿌리이자,
국민의 삶을 가장 가까이에서
가장 빠르게 바꿀 수 있는 민생정치의 밑거름입니다.

한 분 한 분이 더 행복한 삶을 누리게 되는 만큼,
'국민이 주인인 나라'로 가는 길 또한
활짝 열릴 것으로 믿습니다.

앞으로도 관악구가
주민과 함께 더 큰 희망을 키워가는 자치의
모범이 되어주시길 기대합니다. 고맙습니다.

2025년 7월 1일

대통령 이재명

2025년 지방정부 우수정책 경진대회 최우수상 수상

나는 참좋은지방정부위원회가 주최한 '2025년 지방정부 우수정책 경진대회'에서 기초자치단체장 부문 최우수상을 수상했다. 이재명 대통령께서 대통령에 취임하신 첫해에 주어지는 상인 만큼 나와 우리 관악구청 직원들에게는 말로 표현하기 어려울 정도로 기쁘고 뿌듯한 일이었다.

특히 이번 최우수상은 서울시 25개 구청장 중에서는 유일한 수상이었다. 더욱이 당대표 1급 포상이기도 한 터라 개인적으로도 더없는 영광이었다.

이번 경진대회는 더불어민주당 창당 70주년을 기념하며 개최된 뜻깊은 대회였다. 그러므로 수상의 의미가 더욱더 각별할 수밖에 없었다.

이재명 대통령께서는 '지역의 성공이 중앙의 성공'임을 몸소 증명해 오셨다. 나는 기초의원과 광역의원을 차례로 역임하며 성장한 지방정부의 장으로서 국민주권정부의 확실한 성공과 자치분권의 완전한 실현을 위해 맨 앞에서 뛸 것이다.

페이스북 / 2025. 12. 15.

생명은 기본, 안전은 더불어, 행복은 오래도록

나라의 평화는 중앙정부가 지켜야 한다. 주민들의 안전은 지방정부가 지켜야 한다. 관악구는 어르신들이 많이 사시는 데 더해 1인 가구의 비율도 높다. 관악산 자락부터 동네 골목길에 이르기까지 촘촘한 생활 안전망을 구축하는 데 힘써온 까닭이다.

반지하주택의 소중한 생명줄
미닫이 방범창

관악구는 침수피해를 반복적으로 입은 취약계층 가구를 대상으로 실내에서 열 수 있는 '개폐형 방범창' 설치를 지원해왔다. 창문은 물이 집안으로 들어차 현관문을 열 수 없을 때 유일한 탈출구이다. 그런데 대부분의 경우 창에 고정형 방범창이 설치된 탓에 창문으로 탈출하기가 어렵다.

통계청에 따르면 2022년 하반기를 기준으로 서울 전역의 반지하 가구는 20만여 세대에 달한다고 한다. 그 가운데 10%인 2만여 세대가 관악구에서 생활하고 있다. 이에 따라 관악구는 2022년 9월, 외부 전문가와 관련 부서 관계자들이 참여하는 '침수 피해 종합대책 태스크포스'를 구성하고 4대 분야에 걸쳐 18개 대책을 마련해 실행에 옮겼다.

대표적 대책이 별빛내린천도림천 관악 구간의 범람을 예방하기 위해 2027년까지 '대심도 빗물배수터널'을 설치하는 것이다. 관악구는 2025년과 2026년에 걸쳐 신림공영차고지와 신림재정비촉진지구 내에 빗물 저류조를 조성하고 있으며, 빗물펌프장의 증설과 신설도 2030년 완료를 목표로 착실히 진행하고 있다.

또한 침수 피해를 입은 전 세대에 물막이판과 역류방지시설을 지원하는 사업도 이미 2024년에 완료했다. 관악구는 장기 대책은 물론이고 구청 차원에서 강구할 수 있는 즉각적인 대책을 발굴해 신속하게 실천했다.

관악구는 2022년 8월에는 침수 피해를 입은 반지하주택들의 피난 여건을 분석해 안전 취약 계층 세대에 개폐형 방범창을 지원하기로 결정했었다. 관악구는 이를 위해 조달청에 등록된 개폐형 특허 제품을 찾아 설계를 일부 변경해 금속 거푸집을 새로 만들도록 조치했다.

해당 제품은 흔하게 쓰이는 고정형과 달리 알루미늄 혼합재를 사용해 내구성이 강하고 부식 우려가 없다. 기존 제품보다 1.5배 두껍게 제작해 절단기를 사용해도 훼손이 어렵게 했다. 또한 이 제품은 전기가 차단되어도 작동할 수 있다. 수해나 화재가 발생할 경우에는 잠금장치를 해제하고 미닫이문처럼 옆으로 열면 된다. 평상시에는 범죄자의 침입을 막는 방범창 역할을 하다가 수해나 화재 상황에서는 비상 탈출구의 용도로 쓰이게 된다.

관악구는 홍수 피해 가구 전수조사도 아울러 진행했다. 평지에서 3분의 2 또는 2분의 1 이상이 지하임에도 경사지에서 바라보면 1면 이상이 노출된 주택 등이 전수조사 대상에 포함됐다.

관악구는 이들 주택의 방범창 실태를 확인한 다음 소유주의 의견을 고려해 장애인 거주 20여 가구를 우선 지원 대상으로 지정했다. 관악구는 2022년 연말까지 시범사업을 끝맺고, 2023년 상반기에는 노인과 4세 미만 아동이 살고 있는 600가구로 지원 대상을 넓혔고, 현재는 촘촘한 안전망을 구축한 상태다.

관악구는 위기 상황에서 긴급 대피가 어려운 가구에 대해서는 공무원 자원봉사자 등을 1:1로 배정해 시설 수시 점검과 현장 구조 등 돌봄 서비스를 확대해 제공하고 있다. 또한 장애인과 80대 이상의 독거노인들이 거주하는 주택에는 인공지능 기반 비상 알림 체계를 구축해 '특별 관리'를 실시해 오고 있다.

관악구는 재난 약자에 대한 침수 피해 방지 대책을 종합적으로 가동해 인명사고 예방을 최우선으로 하는 재난 대응 역량을 집중적으로 강화·확충해 나갈 방침이다.

내일신문 / 2022.12.27.

발로 뛰며 만들어온
안전한 관악

나는 관악구청 직원들과 함께 서울 관악구 신림동주민센터에서 별빛내린천도림천 관악구간으로 이어지는 '여성안심귀갓길' 합동 순찰에 나섰던 기억이 난다. 골목길에 설치된 CCTV폐쇄회로TV와 연동된 비상벨을 누르자 통합관제센터 근무자가 곧바로 응답했다.

나는 그곳에서 좀 더 걸어가 이번에는 또 다른 비상벨을 누르며 통합관제센터를 다시 호출했다. 작동 상태에 이상이 없음을 확인한 나는 앞으로도 오작동이 없도록 시설과 장비를 계속 철저히 살펴줄 것을 관계자들에게 거듭 당부했다. 그리고 긴급 상황이 발생했을 때 경찰이 즉시 출동할 수 있는지 확인해 줄 것을 주문했다.

당시는 전국 곳곳에서 안타까운 사건 사고가 이어지면서 관악구민들의 불안이 고조된 상황이었다. 관악구는 구민들이 각종 범죄의 위험으로부터 안전하게 생활할 수 있도록 구청과 경찰은 물론이고 주민들까지 힘을 모았다.

그 결과 도심과 숲길 등에서 '민·관·경 합동 순찰'이 대폭 강화되었다. 치안 당국의 눈길이 미치지 못하는 사각지대를 없애고, 주민들의 평온한

봉황사
마사지
발리노래방
참숯생고기
뚜껑
삼겹살
6
노래방
24시영업
참숯갈비
돌구이 생 삼겹
빌딩

일상을 도모하려는 목적이었다.

우선적 대응책은 더욱더 촘촘해진 방범 순찰이었다. 이를 위해 자율방범대와 구 공무원, 지구대·파출소 경찰 120명으로 이뤄진 순찰반을 꾸렸다. 순찰반은 21개 동별로 활동하면서 다중이 몰리는 지역과 CCTV 사각지대 등을 매주 두 차례 이상 점검했고, 동시에 야간 자율방범대 순찰도 월 12회에서 16회로 확대해 빈틈없는 감시망을 구축했다.

주요 공원과 숲길에는 '안전지킴이'가 배치되었다. 퇴직 경찰 50명이 주간과 야간 2인 1조로 구성돼 여기에 필요한 활동을 시작했다. 이들은 2023년 9월 4일부터 거점공원 8곳과 관악산, 국사봉, 장군봉 일대의 7개 노선 18.6㎞를 하루 세 차례 이상 순찰하며 등산객들의 안전을 지켜오고 있다.

2023년 10월부터는 동주민센터에 '안전보안관'을 배치했다. '안전보안관'은 동주민센터를 방문한 주민들과 그곳에 근무하는 직원들을 보호하는 역할을 한다. 이들은 필요한 경우에는 복지서비스 대상 가구 방문에도 동행하여 호평을 받았다. 관악구는 1인 가구와 유동 인구가 많은 대학동을 시작으로 실제 효과를 면밀하게 분석해 안전보안관 제도를 성공적으로 정착시켰다.

회상해보면 2023년 9월 4일은 구청장인 내가 관악경찰서장 등 경찰 관계자와 신림동 자율방범대원들과 함께 신림역 일대의 순찰에 나선 날이었다. 이 지역은 1일 기준 유동 인구가 19만 명이 넘는 교통의 요충지다. 순찰단은 여성안심귀갓길부터 도림천의 관악 구간인 별빛내린천 산책로, 상업지구와 신림역 인근 등을 집중적으로 순찰하며 범죄 취약요소를 빈틈없이 점검했다.

관악구는 순찰 강화와 더불어 CCTV와 비상벨 등 범죄 예방 시설을 지속 확충해 왔다. 또한 범죄 예방 디자인CPTED을 확대 도입하고, 이면도로·사각지대 보안등·조명시설 개선과 함께 범죄 전문가 등이 포함된 '합동 진단 태스크포스'TF를 꾸려 각종 시설과 관련된 종합적인 안전 진단을 실시했다. 관악구는 이를 위해 관악구청 내에 '365생활안전팀'을 신설하였다.

관악구는 현장 순찰을 대폭 강화하는 동시에 안전시설을 확대하는 등 '범죄 예방 종합대책'을 밀도 있게 추진해 왔다. 50만 관악구민이 언제 어디서나 안심하고 생활할 수 있도록 관악구는 앞으로도 범죄 예방에 최선을 다하겠다.

내일신문 / 2023.09.06.

내란도 OUT!
불법 전단지도 OUT!

지난 2023년 10월 12일 저녁, 서울 관악구 낙성대동의 샤로수길에서는 "불법 전단지, 아웃out! 아웃! 아웃!", "쾌적·안전도시 관악, 예스Yes! 예스! 예스!"라는 우렁찬 함성소리가 일제히 울려 퍼졌다. 관악구청 공무원들을 비롯해 관악경찰서 경찰관들, 주민 대표와 서울대학교 학생들은 물론 어린이들까지 거리로 나서서 질서정연하게 캠페인 구호를 외쳤다.

참석자들은 퇴폐·음란업소 전단지 퇴출 홍보전을 벌이는 중이었다. 그들은 바로 직전에는 청룡동 구청 광장에 모여 '불법 전단지 제로zero 특별 선언문'을 함께 낭독하며 결의를 다졌었다.

당시 불법 전단지 정비 건수가 큰 폭으로 늘어났다. 2023년 7월에는 790장이었던 정비 건수가 그다음 달인 8월에는 1,403장으로 두 배 가까이 급증했다. 주민들의 불편함을 해소하려고 야간 특별단속을 펼친 9월에는 정비 건수가 무려 4,300장에 이르렀을 정도였다.

불법 전단지의 증가와 비례해 구민들의 민원 건수도 늘어났다. 2023년 7월에는 이와 관련된 민원이 하루 평균 12건이 접수됐는데, 8월에는 24건. 9월에는 33건으로 증가했다.

관악구는 퇴폐·음란업소 업자들이 살포하는 불법 전단지를 근절하고자 '자동경고발신 시스템'을 가동해 왔다. 전단지에 적혀 있는 전화번호와의 연결을 차단하고 야간 집중 단속을 실시했다. 불법 전단지 배포 업소 단속에는 경찰도 힘을 보탰다. 경찰은 퇴폐업소들의 명함을 길거리에 무차별적으로 뿌려대는 무등록 오토바이의 운전자를 검거해 배포 업소의 업주를 검거하는 성과를 거두기도 했다.

퇴폐·음란업소 업자들이 살포하는 불법 전단지가 서울대의 면학 분위기마저 해치는 지경에 이르자 서울대학교 학생들이 먼저 일어났다. 사회관계망서비스SNS로 걸으며 줍기 활동, 곧 '플로깅'에 동참할 학생을 찾았는데 순식간에 100여 명이 모여들었다.

관악구는 서울대생들이 시작한 불법 전단지 근절 운동에 행정적 지원을 아끼지 않았다. 주민들의 참여와 더불어 불법 전단지 근절 캠페인을 벌이기로 한 것이다. 관악구는 이를 위해 민·관·경 합동으로 홍보전을 전개함과 동시에 강력한 단속 활동을 병행했다. 2023년 10월의 특별 선언식은 이러한 합동 홍보전의 공식적 시작을 선포하는 자리였다.

관악구는 이날의 특별선언을 계기로 강도 높은 단속에 돌입했다. 과태료 부과, 자동경고발신과 함께 학생들이 제안한 법률적이고 제도적인 개선 방안도 긍정적으로 검토해 구정에 적극 반영했다.

민·관·경이 힘을 모은 노력의 결과로 지금 관악의 거리는 몰라보게 깨끗해졌다. 관악구는 앞으로도 불법 퇴폐·음란 전단지가 완전히 사라진 '쾌적하고 안전한 도시'를 유지하기 위해 긴장의 끈을 놓지 않을 것이다.

내일신문 / 2023.10.16.

구청장의 발품으로,
안전하고 행복한 도시!

나는 2024년 7월 1일 오후에 '관악숲길 안전지킴이'와 함께 관악산 둘레길 3코스인 신림계곡지구를 순찰했던 기억이 난다. 일과 생활 속에서 관악구민들이 체감할 수 있는 행복하고 안전한 공동체를 만들기 위한 현장 행정 활동의 하나였다.

가장 먼저 점검한 장소는 새롭게 조성된 물레방아 앞 갈림길이었다. 나는 이곳에서 지능형 CCTV폐쇄회로TV의 실시간 가동 상황을 점검했다. 지능형 CCTV는 예기치 못한 사건과 사고를 인공지능AI이 인지해 효율적으로 현장을 관리해주는 시스템이다. 관악구는 관악산 등산로와 지역 내 공원 등에 지능형 CCTV를 단계적으로 설치해왔다. 나는 비상벨을 눌러 관악구 스마트관제센터와 통화하며 안전 강화에 대한 방안을 이야기했다.

내가 관악숲길 안전지킴이로 나서 순찰한 둘레길 3코스는 관악산을 탐방할 때 등산로 초입과 가장 가까운 구간이다. 이곳은 관악산과 연결되어 다른 지역에서도 가장 많이 방문하는 코스이다.

관악숲길 안전지킴이는 등산객들의 안전한 등산과 하산을 위해 30여 명의 인원이 매일 오전 9시부터 밤 10시까지 하루 3회 이상 순찰 활동을

펼쳐오고 있다. 경찰공무원 출신인 주민 두 분께서도 활동에 동참해주셨
다. 이 활동 덕분에 지역 주민들이 한결 안전하다고 느끼고 있다. 나는 방
문객들이 더욱 안심하고 찾을 수 있는 '안전한 관악산'을 만들어 나가겠
다고 다짐했다.

관악산 안전지킴이 활동을 마친 다음 나는 신림계곡지구에 들어설 예정
인 '물놀이장' 조성 현장에 들러 공사 추진 현황을 보고받고, 진행 상황

을 점검했다.

신림계곡지구에 조성되는 물놀이장은 약 1,500㎡의 규모였다. 물놀이장은 미끄럼틀 위로 바구니가 물을 쏟는 '조합놀이대', 넓은 우산을 타고 둥글게 물이 흐르는 '우산 워터드롭'과 같은 각종 시설들로 꾸며질 예정이었다. 관악구는 물놀이장이 개장되면 2024년 8월 25일까지 운영하기로 했었는데, 모두가 알다시피 그해 여름 물놀이장은 대성공을 거두었다.

나는 구민들이 다양한 여가활동을 통해 행복을 느낄 수 있는 공동체를 만들기 위해 항상 고민해왔다. 물놀이장도 그러한 고민의 결과물이었다. 물놀이장이 차질 없이 개장할 수 있도록 조성 공사부터 놀이시설 안전 점검까지 최선을 다해줄 것을 현장 관계자들에게 각별히 당부했다.

나는 이날 신림종합사회복지관에서 있었던 어르신 급식 봉사 활동에도 참여했다. 아울러 '1인 가구 씽글벙글 사랑방' 개소식에도 들렀다. 또한 관악S밸리 스타트업 스케일업X데모데이에도 참석해 응원의 메시지를 전달했다. 그야말로 눈코 뜰 새 없는 하루였다.

퇴근 무렵에는 신림역 별빛내린천 일대를 찾아 특화공간 조성 추진 현황을 확인했다. 그리고 신원시장을 방문해 먹거리를 구매하고 민생경제의 최전선을 담당하고 있는 시장 상인들의 애기도 들었다.

'안전한 도시'를 만드는 일은 현직 구청장으로서 최우선의 목표이다. 관악구가 안전하고 행복한 도시, 미래를 선도하는 도시로 발전하도록 지금까지 그래왔듯, 앞으로도 발품을 아끼지 않고 현장 구석구석을 누비며 쉼 없이 달릴 것이다.

아시아투데이 / 2024.07.01.

서울의 허파를
지켜라

경전철 신림선 관악산역 1번 출구 앞 주차장이 산뜻한 광장형 '으뜸공원'으로 새롭게 단장된지도 어느덧 1년 반이 지났다. 수도권의 소중한 허파이자 2천 5백만 수도권 주민들의 믿음직한 산소탱크 역할을 맡아온 관악산이 이로써 더욱 반갑고 다정한 모습으로 방문객들을 맞이하고 있다.

나는 2024년 8월 23일 진행된 '으뜸공원' 개장식에서 "관악구 공동체가 문화와 여가를 누릴 수 있도록 최선을 다하겠다"며 다짐을 전했던 기억이 난다.

관악산공원의 한옥식 대문 건너편에는 6,500㎡ 규모의 드넓은 공터가 자리해왔다. 이곳은 그동안 주차장으로 사용돼왔다.

관악구는 2022년에 신림선이 개통되면서 지하철을 이용해 관악산을 찾는 등산객이 크게 늘어난 것을 계기로 이곳에 공원을 조성하기로 결단했었다. 기존의 낡은 휴게소 건물을 철거하고 새롭게 건축한 '으뜸공원 휴게소'에는 등산객들이 만남의 장소로 이용할 수 있는 휴게공간과 카페, 식당이 마련되었다. 휴게소 앞의 열린 광장에서는 방문객과 주민들이 함께할 수 있도록 계절의 변화에 걸맞은 다채로운 문화 행사가 연이어 개최되며 활기를 더하고 있다. 여기에 소요되는 101억 원의 사업비는 전액 시비로 충당했다.

으뜸공원 휴게소 뒤편으로는 관악아트홀로 연결되는 '예술 산책길'이 조성됐다. 본격적인 산행을 시작하기에 앞서 나무 데크로 만들어진 길을 따라 천천히 걸으며 문화의 향기를 느낄 수 있는 명소다.

관악산은 연간 방문객 숫자가 700만 명에 달하는 명산이자 귀중한 생태자원이다. 관악구는 관악산을 구심점으로 청정 삶터로 변신해왔다. 2024년 7월에 문을 연 '관악산공원 어린이 물놀이 테마파크'는 주말마다 1,000명 이상이 찾는 핫플레이스가 되었다. 신림계곡지구 등 11곳에는 황톳길이 만들어져 자연과 더불어 생활하는 건강한 삶을 꿈꾸는 시민들의 발걸음이 이어지고 있다.

무엇보다 서울대 앞 별빛내린천의 생태하천 복원이 지난 2024년 9월 완료됨에 따라, 이제 관악구민들은 자전거를 타고 관악산부터 한강까지 호쾌하게 달려갈 수 있게 되었다. 서울대 정문 앞을 출발하여 동방1교까지 이어지는 구간의 복원 작업이 성공적으로 마무리된 덕분이다.

하천 생태축 복원과 함께 별빛내린천은 관악산과 한강을 잇는 특별한 명소가 되었다. 이미 별빛내린천은 수변테라스 공간에서 '별사리 플리마켓'이 열리는 등 주민들의 아늑한 힐링 공간으로 사랑받고 있다.

관악구는 2024년 7월에 조직개편을 단행해 공원여가국을 출범시켰다. 관악구를 청정 삶터로 만들겠다는 강력한 의지의 표명이었다. 여가 문화의 활성화 여부는 행복 지수는 물론이고 삶의 질과도 직결되기 마련이다. 관악구는 구민들이 언제, 어디서든 초록 공간을 누릴 수 있도록 정성을 다해 관악의 숲과 길을 가꾸어 나가겠다.

서울신문 / 2024.08.27.

도림천이 아닙니다,
별빛내린천입니다

나는 민선 7기 관악구청장 취임 이후 생태 경관 개선, 교량 경관 개선, 산책로 조성, 수변 공간의 활용과 인프라 구축에 본격적으로 착수했다. 이어 민선 8기에 들어서는 별빛내린천을 완전히 복원하여 관악산에서 한강까지 이어지는 생태하천을 조성하는 사업을 성공적으로 마무리했다.

별빛내린천은 도림천의 복개 하천을 복원한 것이다. 2007년부터 복원사업이 진행됐지만 전 구간의 복원이 이뤄지지 않아 관악산과의 생태축이 단절된 상태였다.

별빛내린천 미복원 구간의 복원 사업은 2020년에 착공됐다. 이후 약 4년 6개월 만에 서울대 정문부터 동방1교도림천 상류에 이르는 약 1.35㎞ 구간의 복원을 총 375억 원의 사업비를 들여 완료했다. 서울시 투자심사를 거쳐 사업비를 전액 지원받아 복원을 완료한 터라 구민들의 기쁨은 배가 되었다.

나는 2024년 9월 5일 진행된 '별빛내린천 복개철거 및 친수공간 조성 사업 개통식'에 참석했던 그날의 감동을 잊을 수 없다. 오랫동안 콘크리트 도로 아래에 어둡게 덮여있던 별빛내린천의 복원을 기념하며 주민들과

WHITE MAGIC

그 기쁨을 함께 나누는 역사적인 자리였다.

현대 도시의 발전에서 수변공간의 활용은 필수적이다. 도로변 옆으로 흐르는 물길과 푸른 나무는 자연과 함께하는 삶의 시작이다. 구민들 역시 달라진 환경에 무척 기뻐하셨다. 별빛내린천을 명소로 만들기 위해 열심히 뛰어온 관악구청 직원들로서도 감개무량한 일이었다. 그 노력 덕분에 지금 별빛내린천과 관악산은 수많은 사람이 찾는 명소가 되었다.

복원된 별빛내린천은 도로 약 2~3차선을 허물고 새롭게 탄생했다. 이 지역은 암반이 많은 지형인 까닭에 복원 작업이 매우 어려웠다. 그렇지만 관악구는 본연의 자연 생태계를 그대로 살리는 데 중점을 두었다.

강남순환도로의 지하 암반수와 한강물이 유입되면서 시원한 물길도 만들어졌다. 이제 관악구민들은 연중 내내 물이 흐르는 별빛내린천을 따라 산책과 러닝을 즐기거나 자전거를 타고 한강까지 달릴 수 있게 되었다.

나는 이제 별빛내린천은 물론이고 봉천천까지 관악구 관내를 흐르는 물길을 서울의 대표적인 시민 친수 공간으로 조성하는 메가 프로젝트를 본격적으로 추진할 계획이다. 관악구는 별빛내린천의 성공 신화에 이어 봉천천 또한 생태하천으로 복원해 구민들이 수변공간을 편리하게 이용할 수 있도록 '수변공간 활성화를 위한 관리방안 수립' 용역을 완료하고, '복원 구간 주변 지역 관리계획'을 확정했다.

별빛내린천에 이어 봉천천까지 생태하천으로 복원되면 관악구는 도시 한가운데 물길과 녹지가 어우러진 힐링 도시로 거듭날 것이다.

아시아투데이 / 2024.09.05.

창문 열면 숲과 정원,
힐링 도시 관악

관악구는 2025년 한 해 동안 '관악산공원 24' 조성에 그야말로 전력을 기울였다.

관악산은 서울시 주요 공원 108개소 가운데 2023년 기준, 시민들이 가장 많이 찾는 곳으로 연간 방문객이 5718만 명에 이른다. 이런 사실에서도 확인되듯이 관악산은 전 국민에게 사랑받는 대한민국의 명산이자 관악구의 소중한 특화 자원이다.

민선 7~8기 관악구는 천혜의 명산인 관악산을 활용해 일상에 지친 주민들이 언제든지 자연과 문화를 폭넓게 누리며 활력을 회복할 수 있도록 쉼 없이 뛰었다. '관악산 공원 24'는 관악산 자락에 24개 특화공원을 조성해 주민들에게 24시간 공개하는 야심 찬 기획 사업이다.

이 사업에 대한 준비는 민선 7기부터 일찌감치 시작됐다. 사유지인 터라 관리가 부실한 부지들을 관악구가 고심하던 시기에 장기미집행 도시공원에 대한 사회적 공감대가 폭넓게 형성됐다. 서울시가 2019년부터 2300억 원을 투입해 보상을 시작했고, 관악구는 이를 통해 사업 추진의 확실한 동력을 확보할 수 있었다.

삼성동 양지지구는 이러한 사업의 중요한 일환이다. 관악구는 2021년 6월까지 이곳의 사유지 9,837㎡와 무허가건축물 2개 동에 대한 보상을 마무리했다. 2023년에는 관련 예산을 확보해 설계 용역을 진행했고, 2024년에 공사를 시작해 성공적으로 마무리할 수 있었다.

관악구는 이 사업을 위해 설계 단계부터 수차례 설명회를 개최해 주민들 의견을 적극 수렴했다. 특히 주거지 주변의 시설물을 최소화하고 가림막과 완충녹지를 보강하는 등의 세심한 설계 변경으로 주민들의 만족도를 극대화할 수 있었다.

관악구는 이 과정에서 소나무 등 60여 종에 달하는 나무 4만여 그루를 심었다. 산비탈에는 철쭉 2만 그루를 심었고, 중앙에는 작은 쉼터와 오솔길을 마련한 후, 부근을 다양한 품종의 수국으로 장식했다. 이 덕분에 지난 봄과 여름, 이곳은 화사한 꽃대궐을 이루었다.

관악구는 개화 시기와 색채의 조화로운 입체감 등을 고려해 약 1만㎡에 달하는 공원 곳곳에 '매력정원', '숲속작은정원' 등을 조성함으로써 구민들이 사계절 내내 꽃과 나무가 어우러진 자연을 만끽하도록 했다.

관악산자락 24개 공원은 양지지구가 포함된 2권역을 포함해 총 3개 권역으로 구분돼 있다.

1권역인 미성·난곡·난향동 일대는 산림 훼손이 심각한 데다 작은 공원들이 산재해 있다. 관악구는 12개 공원을 노년층을 위한 '놀이정원', 숨쉬기 편한 '오감숲길', 어린이를 위한 '기적의 놀이터' 등의 생활밀착형 공원으로 각각 단장을 마쳤다.

2권역인 대학동과 삼성동 일대에는 총 7곳이 있다. 관악구는 기존의 '관악산 모험숲'부터 '캠핑장 치유센터'까지 새롭게 정비하고, 삼성동 도시농업공원을 '감성공원'으로 성공적으로 탈바꿈시켰다.

3권역은 5개 공원을 보유한 낙성대·남현동 일대를 가리킨다. 관악구는 이 지역의 고유한 역사성을 살려 기존의 역사문화공간을 재정비하고, '전통문화공원'과 '미래형 스마트정원' 등을 새로 조성하여 호평을 받았다.

관악구는 민선 8기 동안 생활체육의 저변 확대를 목표로 접근성 좋은 체육시설을 꾸준히 조성해왔다. 그 결과 '낙성대 축구전용구장'과 '관악 파크골프장'을 주민들에게 선보일 수 있게 되었다.

2025년 2월에 개장된 낙성대 축구전용구장은 5,326㎡ 규모로 인조 잔디 구장과 편의 시설을 갖추고 있다. 관악구는 이곳의 운영 체계를 꾸준히 개선해 주민 이용 편의를 높였다. 또한 1만 1,285㎡ 부지의 면적에 9홀을 갖춘 파크골프장은 2025년 상반기에 문을 열어 중장년층의 새로운 여가 공간으로 각광받고 있다.

관악구는 미성동 난우지구와 난향동 난향숲길지구, 남현동 관음사지구 등 훼손된 녹지와 시설을 모두 복원해 이곳을 주제가 있는 특화공원으로 꾸몄다. 이제 남은 과제인 신우지구와 약수암지구에는 2027년까지 권역 별로 다채로운 기반시설을 마련하기로 했다. 관악구는 이에 더하여 도심에서 자연을 만끽할 수 있는 '자연휴양림'도 조성할 예정이다.

관악구는 2024년에 공원여가국을 신설하고 2025년부터는 '창문을 열면 꽃과 나무가 보이고 물이 흐르는 힐링도시'를 본격적으로 추진해왔다.

관악구는 앞으로도 푸른 녹지를 지속적으로 확충하고 관련 자원을 적극 발굴함으로써 구민들이 행복한 '청정 관악'을 쉼 없이 만들어 나가겠다.

내일신문 / 2025.03.10.

산불 예방에
총력을 기울이다

봄의 전령은 꽃소식과 함께 산불 소식도 전해오기 마련이다. 전자는 반 갑지만, 후자는 전혀 달갑지 않다. 관악구는 서울은 물론이고 수도권 제 일의 명산인 관악산을 품고 있다. 그런 이유로 봄이면 관악구청 전체가 산불 예방에 촉각을 곤두세우게 된다.

2025년 3월 17일, 나는 관악산 자락의 유서 깊은 사찰인 관음사 앞마당 의 미륵불상 옆에 설치된 '산불소화시설' 점검에 나섰던 기억이 난다. 산 불이 사찰 건물로 번지지 않도록 막아주는 스프링클러 역할을 수행하는 수관수막타워로부터 40m의 물줄기가 시원하게 뿜어져 나왔다.

불에 취약한 목재로 만들어진 건물일수록 짧은 시간 안에 불이 번질 수 있다. 따라서 제때 수관수막타워를 가동할 수 있도록 꼼꼼하게 관리해둘 것을 각별하게 당부했다.

관음사 안의 산불소화시설은 2018년에 설치되었다. 이 시설은 14m 높이 의 타워 3개로 구성돼 있으며, 저수조에 담긴 60톤의 소방수를 한 번에 25~30분 동안 살포할 수 있다. 이 시설 덕분에 산불이 발생했을 때 소방 인력이 도착하기 전까지 불씨가 문화재로 옮겨붙지 않게끔 할 수 있다.

한국산불방지기술협회가 매년 10차례씩 해당 시설을 정기적으로 점검하며 만전을 기하고 있다.

관음사 경내의 소방시설 점검을 마친 나는 봄철 등산객이 몰리는 등산로 근처의 산불 관련 설비를 점검하고 산불 취약 지역을 집중적으로 순찰했다.

관악구는 2025년 상반기에 관악산에 수관수막타워를 한 곳 더 추가로 설치하는 성과를 냈다. 계획대로 추가 설치된 수관수막타워는 산불이 인근숲으로 퍼지지 못하게 막아주는 방화선 역할을 톡톡히 해내고 있다.

관악구는 봄철 산불 주의 기간인 2025년 1월 27일부터 5월 15일까지 산불방지대책본부를 운영했다. 산불방지대책본부는 긴급상황 발생 시 즉각 출동해 진화에 나설 수 있도록 만반의 대응 태세를 갖췄다. 산불전문예방진화대 또한 취약지역을 중심으로 산불 조심 계도 현수막을 설치하는 등 등산객들을 상대로 산불 예방 캠페인을 성공적으로 전개했다.

이와 더불어 2025년 상반기 동안 4억 500만 원을 투입해 관악산과 삼성산 정상에 인공지능AI에 기반한 산불 감시 체계도 새롭게 구축했다. 산불로 발생한 연기를 실시간으로 감지하는 지능형 CCTV폐쇄회로TV를 설치함과 동시에 최첨단 드론 감시 체계도 갖추어 현재 빈틈없는 감시망을 가동 중이다.

관악구는 산불 예방 캠페인을 지속적으로 펼침과 아울러 소화시설 감시 체계를 꾸준히 확충해 구민이 산불 걱정 없이 안심하고 지낼 수 있는 '안전 1번지 관악구'를 완성하겠다.

서울신문 / 2025.03.19.

최첨단 정보기술로
홍수를 예방하다

물은 생명의 원천이다. 그러나 그런 비가 너무 많이 쏟아지면 생명을 위협하는 재앙이 되기도 한다.

기후위기가 지구촌을 덮치면서 5월 말이면 무더위가 시작된다. 나는 여름이 성큼 다가온 2025년 5월 20일 청룡동의 한 골목길에서 수해 대책 점검에 나섰던 기억이 난다. 반지하 가구 창문에 설치된 물막이판에 붙은 QR코드를 스캔하니 시설 사용법이 상세하게 안내되었다.

침수 방지 시설을 설치할 때는 세입자나 건물주에게 사용 방법을 설명하는 게 보통이다. 그렇지만 세입자가 자주 바뀌기 때문에 긴박한 상황이 발생했을 때 활용법을 모를 수 있다. 관악구는 이러한 돌발 상황에 대비해 침수 방지 시설과 관련된 사용방법을 누구나 이해하기 쉽도록 동영상으로 제작했다. 서울시 자치구들 중 최초의 시도였다.

점점 예측하기가 어려워지는 안전사고를 예방하려면 첨단 기술인 '스마트 시스템'의 도입은 선택이 아닌 필수가 되었다. 관악구는 집중호우 시 침수 피해를 당한 6,405가구 중 5,373가구에 개폐형 방범창과 물막이 시설 등을 설치했다. 나머지 가구에 대한 설치 작업도 본격적인 장마가 닥

치기 전에 완료하여 구민 안전을 지켰다.

관악구는 주요 지역의 골목길 빗물받이 1,700여 곳에도 QR코드를 부착했다. 특히 입구가 막혀 있거나 파손된 빗물받이를 발견한 구민들이 이를 신고하면 구청과 기동반, 관리 업체에 동시에 통보되도록 조치했다. 그리고 신고 처리 결과가 신고자에게 즉시 전달되도록 시스템을 구축해 운영 중이다.

관악구의 풍수해 안전 대책은 2025년 3월, 서울시에서 '최우수 자치구'로 선정될 정도로 높이 평가받았다. 관악구는 반지하 주택 등 재해 취약 가구의 신속한 대피와 탈출을 지원하는 민관 합동 구성체인 '동행파트너'와 348가구 사이의 연계망도 구축했다. 또한 반지하 주택 2,452가구를 대상으로 하는 '돌봄전화 SOS' 비상 연락 체계도 마련해 상시 가동하고 있다.

구민들이 관심이 많았던 별빛내린천의 '홍수방어벽' 설치 공사는 2025년 6월 안에 차질 없이 완공되었다. 최대 3만 5,000톤의 빗물을 저장할 수 있는 '신림공영차고지 빗물 저류조'는 같은 해 5월 15일부터 이미 운영을 시작한 상태다. 40만 톤을 한꺼번에 담을 수 있는 '대심도 빗물배수터널' 공사는 2024년 12월에 착공해 2029년 준공을 목표로 순조롭게 진행하고 있다. 관악구는 첨단 기술을 활용한 '생활밀착형 스마트 행정'을 조기에 완벽히 구현함으로써 앞으로도 주민들의 생명과 안전을 지키는 데 최선을 다하겠다.

서울신문 / 2025.05.22.

관악구에서는
길거리의 보안등도 똑똑하다

불볕더위가 기승을 부리는 2025년 8월 중순의 여름날이었다. 서울 관악구 서원동 순대타운 인근 도로변에 설치된 지능형 CCTV폐쇄회로TV와 연결된 비상벨을 누르자 관제센터 근무자가 "관악구 관제센터입니다. 무엇을 도와드릴까요?"라고 곧바로 응답했다.

이날은 나를 비롯한 관악구청 공무원들이 골목길 안전을 점검하기 위해 무더위의 날씨에도 현장으로 나선 날이었다. 지능형 CCTV는 2022년 10월에 발생한 비극적인 이태원 참사 이후 설치한 장비이다. 구민들이 지능형 CCTV와 연결된 비상벨을 누르면 즉시 순찰차가 출동할 수 있도록 설계됐다. 관악구는 시민들의 소중한 생명과 안전을 보장하는 이 장비를 서원동 골목에만 55대를 집중적으로 설치했다.

관악구는 만약에 발생할지도 모를 범죄를 예방하고 구민들의 골목길 안전을 챙기는 일에 총력을 기울여왔다. 지하철 2호선 신림역 인근을 비롯한 지역에서 강력 범죄 등 불미스러운 사건들이 번번이 일어나기 때문이다.

가해자는 외부인이었으나 그 피해와 불안은 고스란히 우리 주민들의 몫이었다. 주민들은 당연히 불안해했고 상권마저 타격을 입었다. 범죄 예방 활동과 동시에 해당 지역에 대한 이미지 개선 작업이 절실했다.

관악구는 2025년 7월 말에 '범죄 예방 사업 강화 방안 보고회'를 열어 13개 부서에서 추진해온 범죄 예방 사업을 점검하고 이에 대한 보완 대책을 마련해 실행에 옮겼다. 관악구는 2025년 한 해 동안 69억 원을 투입해 CCTV 등 각종 장비와 시설을 확충하고, 민·관·경이 함께하는 현장 순찰을 강화하기로 했다. 이와 더불어 1인 가구 안심장비 지원과 피해자 지원까지 총 4개 분야 25개 사업으로 동네와 주민들의 안전한 삶을 지켜냈다. CCTV는 서원동을 포함해 지역 내 곳곳에 7,036대까지 확대해 가동 중이다. 이는 서울 25개 자치구 가운데 강남구에 이어 두 번째로 많은 숫자이다. 이 가운데 3,420대는 첨단 지능형 장비로 설치되었다. 이 장비는 각종 사건·사고를 실시간 탐지하고 대응할 수 있다. 관악구는 나머지 CCTV도 지능형으로 전환하고 기존에 촬영된 영상들을 활용해 선별관제를 고도화하는 '인공지능 기반 관제지원 체계' 구축에도 박차를 가하고 있다.

또한 2025년 연말까지는 신림역 일대에 이상행동을 감지하는 지능형 CCTV 9대를 추가적으로 설치 완료했다. 이와 동시에 신림역에서 당곡사거리로 이어지는 이면도로에도 '스마트 보안등' 320대를 추가 설치했다. 스마트 보안등은 보행자가 지나가면 자동으로 점등되는 방식이다. 또한 '안심이' 앱을 이용하는 주민이 긴급 상황 시에 휴대전화를 흔들면 관제센터로 즉시 신고가 접수되는 스마트한 시스템이다.

관악구는 순대타운 일대를 '범죄 예방 디자인'CPTED을 적용한 안심골목길로 전환하는 작업을 성공적으로 마무리했다. 어두운 골목길에 비상벨과 반사경 등의 장치를 부착하고, 순찰차 정차 구역도 지정해 운영 중이다. '주취·폭력 안돼' 등 안심골목 안내문을 일상적으로 노출함으로써 범죄심리를 위축시키는 효과를 거두고 있다.

관악구는 1인 가구 주민들의 가정에는 안심 장비를 지원했다. 안심 장비는 현관문 안전장치, 스마트 초인종, 실내용 카메라 등으로 구성돼 있어 호응이 높다. 관악구는 이 외에도 정신건강 질환자에 대한 치료비 지원, 은둔·고립 가구를 위한 일상회복 과정, 주민 호신술 특강 등을 꾸준히 실시하고 있다.

한때 많은 주민이 신림역과 신림동 일대에 대한 낙인효과로 힘든 시간을 보내기도 했다. 하지만 지금 우리는 그 위기를 슬기롭게 극복해 나가고 있다. 관악구는 실효성이 검증된 범죄 예방 활동을 종합적으로 펼침으로써 구민들의 피해를 사전에 차단할 수 있도록 모든 행정력을 총동원하겠다.

내일신문 / 2025.08.19.

PART 3.
주민주권 실천 도시 관악

다섯 번째 이야기.
마음을 얻는
이청득심의 행정

여섯 번째 이야기.
박준희와 함께하는
주민주권 관악

더불어 으뜸 관악구

다섯 번째 이야기.

마음을 얻는
이청득심의 행정

공자는 백성의 믿음이 나라의 으뜸 되는 요소라고 말했다. 이는 지방행정에서
도 똑같다. 내가 관악구 관내 115곳 경로당을 모두 방문한 것도, 관악청년청
을 출범시킨 것도 세대의 경계를 넘어서 사람이 중심이 되는 신뢰의 지역공동
체를 만들기 위함이었다.

상대의 말을 귀 기울여 들으면
마음을 얻을 수 있다

한창 자라던 학창 시절 대통령이나 장군, 노벨상을 받는 과학자, 올림픽 금메달 등 거창한 장래 목표를 세우고 책상 앞에 표어 한 개쯤 붙여놓았던 추억은 누구에게나 있을 것이다. 꿈이 대통령이라는 어린이에게 "대통령 되면 아빠 뭐 시켜줄래?"라고 묻자 "탕수육!"이라 순진하게 대답하던 TV 광고만큼이나 대통령은 아이들에게 인기 있는 장래 희망이다.

십중팔구 그런 꿈을 이루기 위해 빨간 망토를 어깨에 두르고 백마 위에서 알프스산 정상을 가리키는 나폴레옹 그림을 붙여놓았을 것이다. 그리고 그 밑에다 '나의 사전에 불가능은 없다, 뜻이 있는 곳에 길이 있다, 정신일도 하사불성'精神一到 何事不成 정신을 집중하면 못 이룰 일이 없다 같은 표어를 붙여놓았을 것이다. 그것들을 가리켜 일명 삶의 신조를 뜻하는 좌우명座右銘이라고도 한다.

구청장이 된 후 어느 신문사 기자와 인터뷰를 하게 됐다. 기자가 여러 질문을 하는 과정에서 불쑥 "좌우명이 무엇이냐"는 질문을 던졌다. 순간 당황했다. 소싯적에야 좌우명을 정해 책상머리에 붙였다지만 어른이 된 이후로는 굳이 좌우명을 정하지 않더라도 지키고 본받아야 할 교훈들이 넘

쳐났기에 얼른 대답을 할 수가 없었다. 그래서 그 동안의 경험상 평소 삶과 처세에 중요하다고 생각하는 가치에 대해 이야기했던 기억이 난다.

사람들은 흔히 정치와 정치인을 말할 때 '믿을 수 없다'는 말을 많이 한다. 그동안 우리 정치가 총체적으로 보여준 '실망스러운 모습' 때문일 수 있겠으나 오랫동안 정치를 경험한 사람으로서 '의리와 신의'를 갖추지 못해 '믿을 수 없는 사람'으로 낙인찍히면 반드시 유권자들의 심판을 받게 된다는 점 하나는 분명하게 말할 수 있다. 비단 정치인뿐이겠는가. 의리와 신의를 지키는 것은 나와 이웃이 공존하는 사회에 해가 되는 사람이 되지 않기 위해서라도 가장 필요한 덕목이라고 나는 굳게 믿는다.

그리고 평소 상대방과 입장을 바꿔서 생각해보라는 역지사지易地思之의 교훈을 잊지 않으려 노력한다. 어떤 사람에게 아무리 화가 나는 상황이라도 당사자 입장에서 곰곰이 생각해보면 '그럴 수 있겠다' 이해되고, 오히려 배려하는 마음이 생기면 상대방과의 신의가 훨씬 돈독해지는 것을 늘 경험하기 때문이다.

구청장에 당선된 후 '주민들과 직접 소통하는 구청장이 되겠다'는 공약을 지키기 위해 최대한 빨리 시작했던 일이 구청사 1층의 열린민원실 '관악청'聽이었다. 매주 정기적으로 민원이 있는 주민들과 만나는 일인데 구청장에게까지 들고 올 정도의 민원이라면 그 사안의 복잡성은 굳이 말 안 해도 충분히 짐작이 갈 것이다. 해당 주민은 오로지 자신의 입장에서 목소리를 높이게 마련인데 그걸 끝까지 경청하는 일이 생각보다 쉽지 않은 일이다.

바로 이때야말로 역지사지의 마음을 갖지 않으면 제대로 된 소통이 불가능하다. 구청에서 해결해줄 수 있는 능력이 있든 없든 일단 끝까지 들어

드리면서 그분 입장이 돼 맞장구라도 쳐드리면 결국에는 "구청장이 들어라도 줘서 고맙다"는 칭찬을 듣게 되는 것이다.

요즘 TV를 켜면 모든 현안이 선거철을 맞아 여러 가지 설왕설래說往說來하여 말이 말을 만들어내곤 한다. 상대의 말을 경청하기보다는 자신의 주장을 설득시키는 일에 더 골몰하고 서로의 변론을 주고받으며 옥신각신하는 일이 허다하다.

선거에 출마하는 후보자는 인물의 경쟁력과 수많은 공약을 내세워 유권자의 마음을 얻기 위해 갖은 노력을 다한다. 무엇을 해준다는 약속이나 원하는 것을 주는 것도 효과가 있겠지만 상대 후보자든 국민이든 이들의 요구와 관심사에 귀 기울여줌으로써 더 큰 마음을 얻을 수 있을 것이라 본다.

오랫동안 '관악청'을 지키면서 소중한 좌우명을 하나 더 얻었던 바, '상대의 말을 귀 기울여 들으면 그 마음을 얻을 수 있다'는 이청득심以聽得心이 바로 그것이다.

아시아투데이 / 2021.12.29.

행복도시,
문화·예술이 경쟁력이다

엥겔지수라는 용어가 있다. 어떤 가정의 한 달간 소비 지출 총액에서 식료품비가 차지하는 비율을 말하는데 가계 소득이 낮으면 이 비율이 높고, 가계 소득이 높으면 이 비율이 낮게 나온다. 굳이 학자의 연구 결과가 아니더라도 이것은 당연한 삶의 이치다. 사람으로서 기본적인 존엄을 지키려면 가장 먼저 '의식주'衣食住가 필요하다. 체온을 유지하기 위한 옷, 배고픔을 면해야 하는 밥, 총체적인 삶의 질을 보장하는 집을 말한다.

이 셋 중에서 꼭 하나만 고르라면 무엇이겠는가? 바로 '밥'이다. 옷과 집은 어떻게든 생존을 위한 대안을 찾을 수 있겠지만 밥을 먹지 않으면 사람은 죽는다. 끼니를 해결하기 위한 지출은 선택의 여지가 없기에 소득이 낮을수록 일정한 금액을 써야 하는 식료품비 비율이 높을 수밖에 없는 것이다. 돈이 많은 선진국 국민은 평균 엥겔지수가 낮고, 가난한 나라 국민은 높은 것도 같은 이치다. '금강산도 식후경'이라 했던가. 서양 통계학자가 연구로 이러한 결과를 발표하기 훨씬 전부터 우리 선조들은 그 이치를 꿰뚫고 있었다.

소득이 높아져 삶의 여유가 생긴 사람이 의식주 다음으로 찾는 것은 무

IMAGINE GWANAK
2022
관악아트홀
관악을 상상ᄒ
관악아트홀   GWANAK ART HALL
관악아트홀

엇일까? 그것은 '즐거움'이다. 밥이 육체를 살찌우게 하듯 즐거움은 정신을 살찌우게 한다. 여행, 스포츠를 비롯해 즐거움의 종류는 셀 수 없이 많으나 누구에게나 보편적이고 접근하기 쉬운 즐거움을 말하라면 우선 '문화·예술'을 들겠다. 인문학이나 음악, 미술, 영화 같은 창작 예술에 대한 식견과 체험을 높이려는 욕구는 누구나 가지고 있기 때문이다. 다만 이 욕구는 식욕과 달리 구체적으로 노력을 기울여야 해소가 가능하다.

『나의 문화유산 답사기』의 저자 유홍준 박사는 '사랑하면 알게 되고 알면 보이나니, 그때 보이는 것은 전과 같지 않으리라'는 문장을 인용하며, 일부러 문화유산을 찾아다녀야 그것들이 지닌 지적 가치나 아름다움을 알아보는 '심미안'審美眼을 얻을 수 있음을 강조했다. 클래식 음악 애호가로서 '음악적 귀'를 얻으려면 직접 악기 다루는 법을 수련하거나 유명 관현악단의 연주회를 찾아 음악을 감상하는 수고가 필요하다는 말이다.

중앙정부나 지방정부가 의식주를 위한 복지 정책 다음으로 비중 있게 다루는 정책 중 하나가 문화·예술 분야인 이유도 국민의 그런 욕구에 부응하는 것이 행복한 삶에 필수적이기 때문이다. 국립중앙박물관, 예술의전당, 국립아시아문화전당 등의 운영에 많은 예산을 들이는 것이나 지방정부마다 문화재단, 문화예술회관 등에 정성을 들이는 것이 모두 그런 까닭이다.

이런 차원에서 관악구 역시 주민의 문화·예술 체험과 감상을 위한 물리적 공간과 다양한 프로그램 개발에 최선을 다하고 있다. 강감찬 장군이 태어나셨던 낙성대공원 일대는 고려 역사문화 상시 체험 공간으로 자리 잡았고, 신림동쓰리룸과 관천로 문화플랫폼 S1472는 청년 문화·예술 창작활동가들을 위한 특별공간으로 활발하게 기능하고 있다. 또한 '관악청년청' 역시 청년들의 문화예술 창작 및 수련이 가능한 공간으로 완성되어 개관 이래 제 역할을 역할을 톡톡히 해내고 있다. 서울대학교 입구에서 시작되는 도심 하천인 별빛내린천은 사람과 문화·예술의 만남이 있는 특별한 공간으로 거듭났다.

특히 관악구 문화·예술의 부흥을 주도하고 있는 관악문화재단은 관악아트홀을 성공적으로 리모델링하여 주민 품으로 돌려주었다. 공연장 무대, 객석, 화장실 등 공연 시설의 대대적인 개선뿐 아니라 전시실, 카페테리아, 어린이 라운지 등 부속 시설까지 새롭게 진용을 갖춘 이곳에서 주민들은 각종 동아리, 합창단을 꾸려 서로의 눈과 귀를 즐겁게 해주고 있다. '문화·예술 도시 관악'의 전성기가 활짝 꽃피우고 있다.

내일신문 / 2022.02.07.

청년정책,
과유불급은 없다

논어에 나오는 공자 말씀 중 과유불급過猶不及은 '지나침은 미치지 못한 것과 같다'는 뜻이다. 때로는 '지나치면 부족한 것보다 못한' 경우가 많다는 경계의 의미로도 쓰인다.지금껏 겪어본 바로는 대부분 세상사에 이 말을 적용해도 큰 무리가 없겠으나 현재 우리가 직면하고 있는 청년 문제를 해결하기 위한 정책이라면 지나쳐도 좋다는 소신을 굽힐 생각이 없다. 청년 세대가 행복하지 않으면 공동체 모두의 미래가 어둡기 때문이다.

가장 시급한 청년 정책을 들라면 '좋은 일자리, 좋은 주거 환경' 정책이다. 이 두 가지 정책이 결혼, 출산, 보육 등 다방면으로 '청년 삶의 질 개선'에 지대한 영향을 미친다. 우리 관악구는 청년 가구 비율이 타 지역에 비해 상대적으로 높다. 그렇기 때문에 나는 민선 7기 구청장으로 처음 취임했을 때 전국 자치구 중 최초로 청년정책과를 신설, 청년정책 강화에 팔을 걷어붙였다.

그동안 다양한 청년정책을 구상하고 실행했는데 특히 안전, 취업, 주택, 금융, 활동공간 등을 지원하고 확대하는 데 심혈을 기울였다. 감사하게도 주민들께서 이런 노력과 성과를 인정해준 덕분에 나는 민선 8기 구청장으로서 다시 한번 관악구 발전을 위해 일할 기회를 얻을 수 있었다. 나는 민선 8기를 시작하며 '청년문화도시 조성'을 첫 번째 약속으로 내세웠다. 전국 지자체에서 우리 구 정책을 '청년 정책의 표준'으로 삼도록 최선을 다하겠다는 각오였다.

그 약속대로 나는 기존 청년정책과를 확대한 '청년문화국'을 신설했다. 이를 통해 취업, 창업, 주거, 복지, 문화 등 청년 문제 전 분야를 포괄하는 청년 정책이 더욱 체계적으로 집중될 수 있도록 했다. 또한 관악구 강감찬대로에 지하 1층, 지상 7층 규모로 지은 관악청년청이 문을 열어 현재 활발히 운영되고 있다. 타 자치구를 선도하는 정책인 만큼 공유 공간, 창업 보육, 공동체 형성, 지식 축적, 네트워크 등 청년들에게 실질적으로 도움이 되는 청년들의 아지트로 자리 잡았다.

여기에 전통적 청년 지원 정책인 좋은 일자리 기회 확대, 주거 안정 및 환경 개선, 금융 지원으뜸관악 청년통장, 문화 및 활동 공간 확장, 청년 공동체 활성화 등도 보다 효율적으로 운영이 되도록 행정력을 집중하고 있다. 특히 중앙정부가 벤처촉진지구로 지정한 '관악S밸리'를 청년 스타트업과 벤처 창업을 위한 '수도권 최대 산실이자 IT 성지'로 발전시키는 것도 결코 놓쳐서는 안 될 과제다.

현재 관악구에서 실행하고 있거나 추진계획 중인 청년 특화 정책을 거론하자면 이 지면 전체도 부족하겠지만 말보다 중요한 것이 실천이다. 청년들에게 약속한 정책들이 단 하나도 빠짐없이 현실이 되도록 청년 정책에서만큼은 '과유불급은 없다'는 정신으로 끝까지 심혈을 기울일 것을 약속한다. 왜냐? 청년이 바로 우리의 미래니까!

서울신문 / 2022.07.04.

탄소중립,
지속가능한 미래를 위한 길

기후위기가 인류의 생존을 위협하면서 '탄소중립'이 전 세계적 과제로 떠올랐다. 탄소중립이란 탄소의 순 배출량이 '0'이 된 상태를 의미한다. 즉 인간 활동에 의한 탄소 배출량은 최대한 감소시키고, 자연의 흡수량은 증대시켜 대기 중 이산화탄소의 농도 증가를 막는 것이다.

각자의 발전을 위해 무분별하게 탄소를 배출해 온 나라들이 지구의 미래를 위해 뜻을 모았다는 것은 매우 고무적인 일이다. 한편으로는 더 이상 물러날 수 없을 정도로 기후위기가 심각해졌다는 방증이기도 하다.

우리나라 또한 2020년 10월 28일 탄소중립을 선언하고, 2022년 3월 탄소중립기본법 시행으로 세계에서 14번째로 '2050 탄소중립' 이행을 법제화한 나라가 되었다. 현재 우리나라는 2018년 대비 40% 감축된 '국가 온실가스 감축 목표'NDC를 설정한 상태이다. 다른 국가들에 비해 배출 정점 이후 탄소중립까지 시간이 촉박한 편이라 더욱 속도를 내야 하는 상황이다.

정부는 기후위기에 대응하는 정책과 기업의 기술 개발을 위한 투자를 지원하고, 개인이 실천할 수 있는 가이드라인을 마련해야 한다. 기업은 세계

대한민국
청년들
관악
폐가전제품 무상 방문수거 서비스
2025년 우수 지자체 경진대회
동 상
2025년 폐가전 무상방문수거 우수지자체 경진대회
관악구, 3년 연속
기후에너지환경부 장관상 수상!
일자 | 2025. 10. 23. (목)   주최 | 기후에너지환경부, 이순환거버넌스

2023 환경의 날 기념
그린메이커,
탄소 중립 청년관악 우리함께! 실천

적인 경쟁력을 갖는 저탄소·친환경 혁신기술 개발과 기후변화에 대응하는 지속 가능한 발전을, 개인은 일상 속 탄소중립 실천을 이뤄내야 한다.

관악구 또한 정부목표에 발맞춰 2018년 대비 관악구 온실가스 배출량의 40%인 64만 톤CO_2eq 온실가스 총배출량 감축을 목표로 선제적 대응에 나섰다. 이를 위해 '탄소중립 실현을 위한 연구 용역' 결과를 바탕으로 '관악구 탄소중립 녹색성장 기본계획'을 수립해 현재 체계적으로 추진하고 있다.

특히 인구밀도가 타 자치구보다 높은 지역 특성을 반영하여 온실가스 감축과 기후위기 적응 대책을 포괄하는 10개 부문 81개의 시행 계획을 마련해 착실히 이행 중이다. 여기에는 친환경 보일러 보급, 자전거 이용 활성화, 탄소중립 생활 실천운동 등 주민 생활과 밀접한 분야를 중심으로 '지속 가능한 청정 관악' 조성을 위한 세부전략이 담겨 있다.

우리가 입고, 먹고, 자는 모든 생활이 탄소 배출과 직결되기 때문에 우리 구는 개인이 일상 속에서 실천할 수 있도록 '탄소중립 정책'을 정밀하게 설계해 차질 없이 추진 중이다. 우리의 작은 생활 습관, 작은 실천 하나하나가 모여 탄소중립, 지속 가능한 미래도 열릴 것임을 확신한다.

당장 오늘부터 에너지 절약, 대중교통 이용, 일회용품 줄이기, 물건 아껴 쓰기 등 자그마한 노력부터 하나씩 시작해보면 어떨까? 기후위기에 따른 생존의 두려움이 아닌 '지속 가능한 청정 환경'이야말로 우리가 다음 세대에게 물려줘야 할 가장 큰 선물이지 않겠는가.

서울신문 / 2022.11.28.

끝나지 않은 도전,
관악 문화도시의 길을 찾다

몇 해 전 한류의 주역인 BTS방탄소년단가 어느 시상식에서 백범 김구 선생의 어록을 인용한 것이 화제가 되면서 문화가 가진 영향력이 새삼 주목을 받았다. "오직 한없이 가지고 싶은 것은 높은 문화의 힘이다." 백범일지 '나의 소원'에 나오는 말이다.

문화의 중요성은 날이 갈수록 커져 이제 '문화가 곧 경쟁력'인 시대가 됐다. 이런 시대 흐름 속에 'K'로 시작하는 우리 문화가 이른바 '한류'라는 이름으로 큰 물줄기를 이루며 세계 속의 문화강국으로 우뚝 섰다.

도시 또한 문화가 도시경쟁력을 좌우하게 되었다. 그 도시만의 고유한 문화를 발전시키고, 다른 산업과 연대하면서 도시 스스로 성장해간다. 차별화된 지역 문화가 성장 동력이 되어 도시 자생력을 키우는 것이다.

'경제 구청장'을 표방하며 관악구청장이 된 후, '혁신 경제 도시에 시너지를 더하는 찬란한 문화를 꽃피워 주민에게 행복을 선물하겠다'는 소망을 늘 이야기해왔다. 관악구가 고유한 문화를 갖춘 경쟁력 있는 문화도시로 재탄생해 주민이 문화적 삶을 누리고 그 안에서 행복을 만끽하기를 소망한 것이다.

관악구는 청년층과 예술인 인구가 상대적으로 많고, 귀주대첩의 주역 강감찬 장군을 대표로 하는 차별화된 역사문화 자원, 별빛내린천과 관악산 등 훌륭한 자연자원을 보유하고 있이 문화도시로 발전할 수 있는 잠재력이 충분하다.

여기에 다수의 민관협의체, 주민자치회, 마을공동체, 협치회의 등 주민들의 참여의식 수준이 매우 높고 활발하게 활동을 이어가고 있는 점 또한 '문화도시 관악' 추진에 큰 힘이 되고 있다.

이러한 강점을 이용해 보다 안정적인 제도적 기반 위에서 문화도시를 조성하기 위해 2020년 「서울특별시 관악구 문화도시 조성 및 지원 조례」를 제정하고, '관악구 문화도시 기본계획'2022~2026을 수립해 단계별로 차근차근 과업을 추진하고 있다.

특히 2022년에는 문화도시 조성을 위한 강력한 의지를 담아 '관악문화도시센터'를 설치했다. 부족한 문화 인프라를 보강하기 위해 관악문화재단 출범, 관천로 문화플랫폼 S1472 개관, 관악아트홀 재개관 등 꾸준한 노력을 기울여 왔으며, 청년 활동가들을 위한 공간인 '관악청년청'도 이제는 청년들의 활력 넘치는 거점 공간으로 확고히 자리 잡았다.

한때 중앙 정부에서 추진하는 문화도시 시책에 동참하고 외부 재원을 유치하기 위해 문화체육관광부 '법정 문화도시 지정 공모사업'에 도전했으나 서울시 자치구가 신청 대상에서 제외되는 아쉬움도 있었다.

하지만 우리의 도전은 끝난 것이 아니라 현재진행형이다. '법정 문화도시 지정을 왜 받으려고 했는지' 스스로에게 묻자 길이 보였다. 법정 문화도시 지정은 최종 목표가 아닌 수단일 뿐, 궁극적으로 우리가 이루어야 할 것은 '주민의 높은 문화 만족도'다.

진정성 있는 문화 발굴과 온전한 문화 향유 속에서 독창적인 문화를 만들어내고, 그것이 주민 삶의 질 향상과 행복까지 연결되어야 비로소 문화도시가 완성된다고 할 수 있다. 이를 위해서는 주민의 다양한 목소리를 담아낸 '관악만의 특별한 문화'를 발굴하고 창조해야 한다.

관악문화도시센터는 주민주도형 문화도시 조성의 중추적인 역할을 수행하는 임무를 부여받았다. 현재 센터는 주민의 주도적인 참여로 관악만의 특별한 문화를 완성하기 위해 주민이 직접 과업의 기획부터 실행까지 전 과정을 함께하고 있다.

우리 관악구는 관악문화재단과 문화도시센터를 기반으로 거버넌스 활성화, 주민 참여 확대와 역량 강화, 청년의 주체적 참여 확대 등 주민이 중심에 서는 문화도시 조성사업을 중단없이 추진함으로써 '문화도시 관악'의 부흥을 차근차근 이루어나갈 것이다.

백범 김구 선생은 문화를 강조하며 '문화의 힘은 우리 자신을 행복하게 하고, 나아가서 남에게 행복을 주기 때문에 중요하다'고 했다. 관악구민이 행복하고, 나아가 전 국민과 그 행복을 나누는 '문화도시 관악'을 강력하게 추진할 수밖에 없는 이유라 할 것이다.

한겨레 / 2023.01.13.

누구도 쓸쓸한 죽음을
맞이하지 않는 사회

가정의 달 5월은 가정의 소중함을 다시금 되새기게 되는 때다. 하지만 소중한 생명이 홀로 외롭게 생을 마감했다는 '고독사' 소식이 사회 곳곳에서 들려와 우리의 마음을 무겁게 한다.

관련 법령에 따르면 '고독사'란 가족, 친척 등 주변 사람들과 단절된 채 홀로 사는 사람이 자살·병사 등으로 혼자 임종을 맞고, 시신이 일정한 시간이 흐른 뒤에 발견되는 죽음을 말한다.

보건복지부가 발표한 '2022년 고독사 실태조사'를 살펴보면 고독사 사망자 수는 2017년 2,412명에서 2021년 3,378명으로 불과 4년 만에 40% 가까이 증가했다. 하루 평균 9.3명이 외부와 단절된 채 홀로 죽음을 맞이한 셈이다. 연령대도 고령층뿐만 아니라 중장년, 청년까지 폭넓게 나타났다.

1인 가구의 증가와 고령화, 팬데믹을 거치며 심화된 인간관계 단절, 경제력 약화 등 개인의 고립을 부추기는 사회적 요인들이 증가하면서 고독사는 더 이상 일부의 문제가 아닌 '일상의 문제'가 되었다. 이제는 개인의 비극을 넘어 시급한 '사회 문제'로 대두된 지 오래다.

영국과 일본에서는 일찍이 고립과 고독을 사회가 풀어야 할 과제로 보고 이를 전담하는 장관직을 만들어 국가적인 대응을 하고 있다. 우리나라 또한 고독사 문제를 해결하기 위한 각종 대안을 마련해 왔다.

정부는 2021년 4월부터 '고독사 예방법'을 시행했으며, 정치권에서도 관심을 갖고 '고독사 예방법 개정안'을 다루고 있다. 지자체는 조례를 제정해 각종 고독사 예방 정책을 펼치고 있지만 안타깝게도 매년 고독사 발생률은 줄어들지 않고 있다.

정부는 '2022년 고독사 실태조사'를 바탕으로 한 첫 '고독사 예방법 기본계획'2023년~2027년을 수립해 현재 4년째 추진 중이다. 중앙부처-지자체-유관기관으로 이어지는 체계적 협업 시스템을 구축해 발굴부터 지원, 모니터링까지 고독사 예방·관리의 전 단계를 포괄하는 것이 이 대책의 핵심이다.

우리 관악구는 1인 가구 수가 전체 가구 수의 61%에 달한다. 고독사 예방을 위한 촘촘한 위기 가구 발굴과 적극적인 사회 관계망 형성에 심혈을 기울여 온 이유다.

우리동네돌봄단, 이웃살피미 등 복지공동체와 함께 고독사 위험 가구를 사전에 발굴하기 위한 상시 보호 체계를 운영하고 있으며, IoT·AI사물인터넷과 인공지능 등 정보통신 기술을 활용한 사업도 꾸준히 확대하고 있다.

또한 관악구는 21개 전 동에서 동별 특성에 맞는 '사회적 관계망 사업'을 개발하여 성공적으로 실행 중이다.

고립의 원인과 대상이 다양하고 복잡한 만큼 정책을 새롭게 점검하고 고독사에 대한 문제의식과 예방에 대해 지역사회 전체가 참여해야 한다.

이에 관악구는 민·관 협업으로 '관악 생명사랑 TF팀'을 구성해 고독사 예방사업 추가 발굴 논의를 활발히 이어오고 있다. 원인별 분석과 지역 맞춤형 정책 발굴, 산재한 사업의 통합 및 확대, 전문 인력 확충, 예산 확보 등 아직 과제가 많이 남아있지만, 우리는 이미 의미 있는 발걸음을 내딛고 있다.

우리보다 앞서 고독사 대책을 발표한 영국과 일본이 일부 성과를 나타내고 있는 것을 보면 행정과 지역사회가 법과 제도에 발맞춰 유기적인 협력으로 인적·물적 안전망을 최대한 발휘할 때 쓸쓸한 죽음을 막을 수 있을 것이다.

셰익스피어의 희곡 '리어왕'에는 "슬픔을 나눌 동료가 있고 함께 견딜 친구가 있다면 마음은 많은 고통을 쉽게 극복해 낼 것"이라는 대사가 있다. 누구도 치열한 삶의 마지막을 홀로 외롭게 마무리하지 않도록, '나누고 견디며 함께 살아가는 사회'가 되기를 기대한다.

내일신문 / 2023.05.22.

이청득심以聽得心,
사람의 마음을 얻는 행정의 길

"앵콜 구청장! 박준희입니다."

가수가 노래를 잘 부르면 앵콜을 받는 것처럼, 구정 운영을 열심히 했더니 그 성과를 인정받아 재선에 성공했다. 감사한 마음으로 '앵콜'을 외치며 민선 8기가 힘차게 출범한 지 어느덧 3년 반이 지났고, 관악구청장이 된 지는 7년이 넘었다.

나는 취임 초부터 '경제 구청장'을 천명하고 열심히 뛰었다. 그 결과 관악S밸리가 비상飛上해 벤처기업육성촉진지구로 지정되는 쾌거를 이뤘다. 상권도 되살아났다. 지난 「2022년 서울시 상가임대차 실태조사 결과」에 따르면 1㎡당 월 매출액은 신림역4위과 샤로수길5위이 상위권을 차지했다. 도림천이 별빛내린천으로 새롭게 태어났고, 신림선 경전철 개통으로 교통 환경도 획기적으로 개선되며 관악은 '상생과 혁신의 경제도시'로 발전하고 있다.

구청장을 지내며 가장 잘한 일이 무엇이냐 꼽으라면 나는 주저 없이 2018년 취임과 동시에 문을 연 제1호 공약사업 '관악청'을 들 것이다. 관악청의 '청'은 '관청 청廳'이 아니라 '들을 청聽'이다. 주민들과 자유롭게

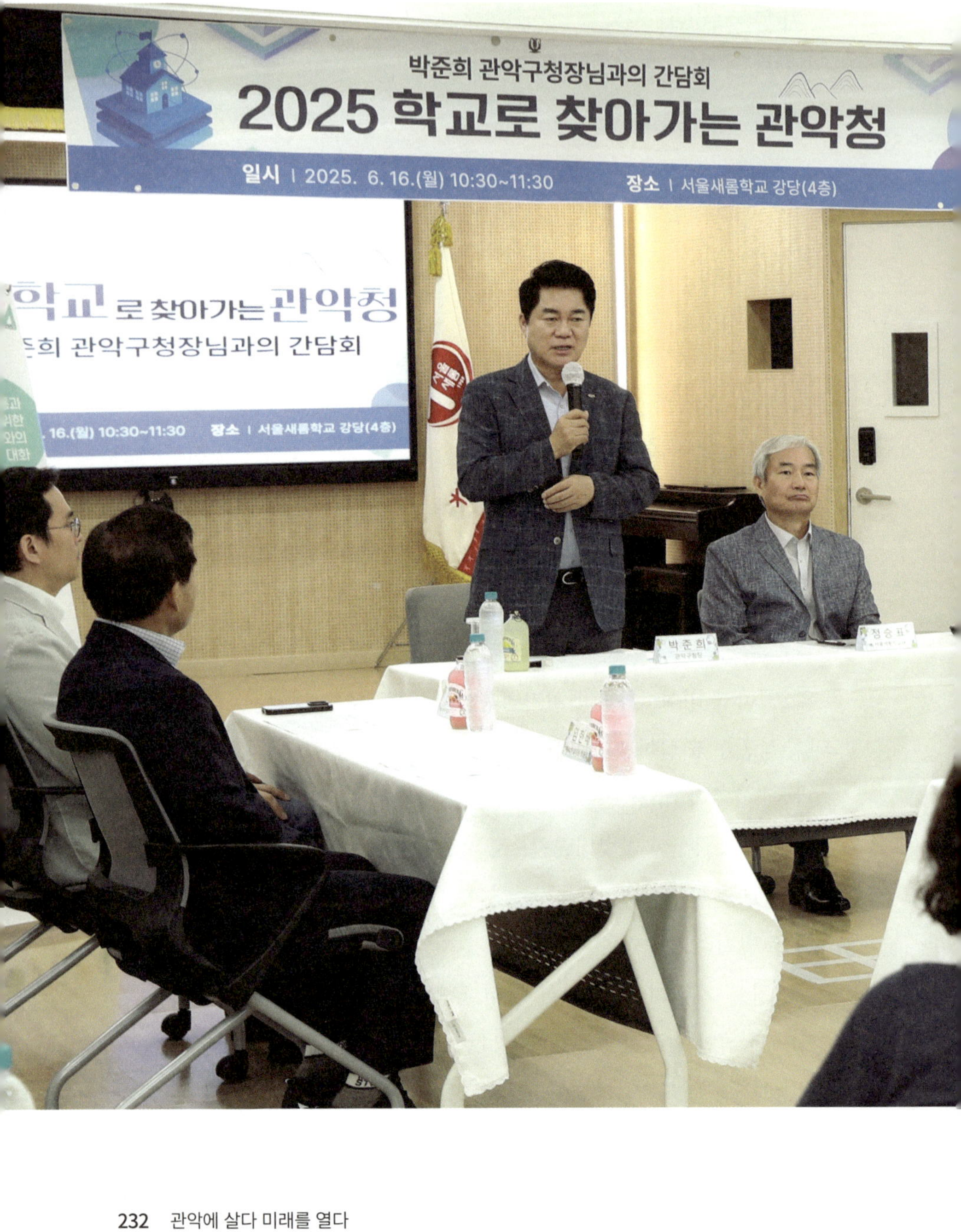

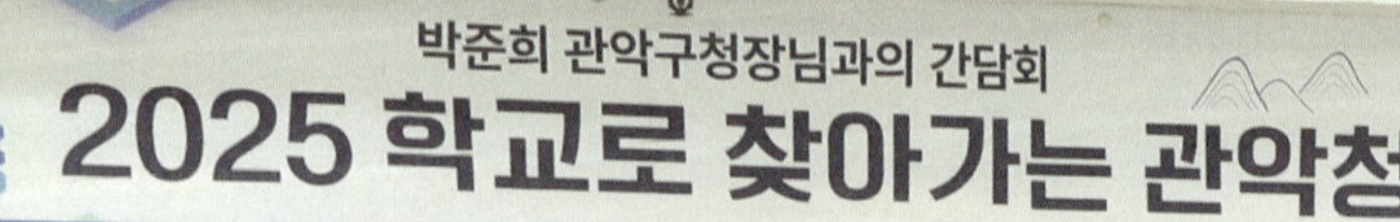

박준희 관악구청장님과의 간담회
2025 학교로 찾아가는 관악청
일시 | 2025. 6. 16.(월) 10:30~11:30 장소 | 서울새롬학교 강당(4층)
학교로 찾아가는 관악청
준희 관악구청장님과의 간담회
. 16.(월) 10:30~11:30 장소 | 서울새롬학교 강당(4층)
박 준 희
정 승 표

만나서 이야기하고 토론하고 정책제안도 받는 공간을 위해 전국 최초로 '카페형 열린 구청장실'을 만든 것이다.

관악청에 접수된 민원은 공무원의 책임이나 권한, 지자체의 재량을 벗어나 해결할 수 없는 안타까운 민원이 상당수다. 관악청에서 해결을 못하면 오히려 행정의 불신만 키울 수도 있었다. 그래서 구청장으로서도 어찌할 도리가 없는 경우에도 민원의 경중과 결과를 가리지 않고 해결책을 찾기 위해 열심히 발로 뛰었다.

그 결과 수많은 민원을 접수해 95% 이상을 해결하며 큰 보람을 느꼈다. 비록 장기적인 검토가 필요하거나 해결할 수 없는 민원도 남아있지만, 주민들은 구청장과 직접 만나서 대화를 나누고 함께 고민하는 것만으로도 많은 위로가 된다고 이야기해 주신다.

민원이 있는 곳이면 어디든 관악청이 되었다.

각 동과 경로당을 방문해 '이동관악청'을 열었고, 학부모와 교직원을 만나기 위해 학교로 찾아가면 그곳 또한 '학교 관악청'이 되었다. 1만 명이 넘는 주민과 직접 만나며 지속적인 소통을 이어왔다. 언제 어디서나 접할 수 있는 365일 직접민주주의 온라인 플랫폼인 '온라인 관악청'도 운영하고 있다.

오랫동안 관악청을 운영하며 소중한 좌우명 하나를 얻었다. '경청함으로써 마음을 얻는다'는 이청득심以聽得心이 그것이다.

지나온 길을 돌아보면 코로나19와 수해 등 수많은 위기가 있었다. 그러나 위대한 주민과 한마음 한뜻으로 함께했기에 이 모든 난관을 극복하며 빛나는 성과를 이룰 수 있었다. 주민의 마음을 얻었기에 가능한 기적이었다.

최근 지역 주민의 관심과 요구는 복잡·다양해지고, 급변하는 환경 속에서 지방정부의 역할은 더욱 중요해졌다. 적극적으로 주민과 소통하고 현장과 가장 가까이에서 행정의 대응성을 높여야 한다.

관악구는 전국 최대 규모의 '관악청년청'을 개관해 성공적으로 운영 중이며, 관악형 주민자치회도 21개 전 동으로 확대했다. 청년 인구 비율 전국 1위인 청년수도답게 청년과 소통하며 청년 스스로 정책을 제안하고 운영하도록 적극 지원하고 있다. 주민자치회에서는 지역사회 문제를 주민들이 직접 고민하고 해결함으로써 진정한 의미의 '풀뿌리 민주주의'를 실천해 나가고 있다.

그동안은 열심히 가사를 만들고 외우는 시간이었다면, 민선 8기는 그 가사를 누구보다 잘 부를 수 있도록 주민과 함께 '열창'하고 있는 시간이다. 주민의 목소리를 더욱 귀 기울여 담아 듣고 잘 불러 '아름답고 행복한 관악'을 완성해 갈 것이다.

서울신문 / 2023.07.12.

한국형 실리콘밸리의 꿈은
이루어진다

우리나라 1인당 잠재 GDP 성장률이 하락 추세다. 2030~2060년에는 경제협력개발기구 국가 중 최하위인 0%대가 될 것으로 전망된다. 저출생·고령화에 따른 생산인구 감소, 정부의 성장전략 한계, 기술 혁신성 둔화 등이 잠재 성장률 하락의 핵심 요인으로 지목된다.

최근 신성장 동력 창출을 위해 중소벤처기업부와 과학기술정보통신부가 발 빠르게 움직이고 있다. 중기부는 '글로벌 초격차 스타트업 1000+ 프로젝트'를 통해 글로벌 시장을 선도하는 초격차 스타트업 육성에 박차를 가하고 있고, 과기부는 2027년까지 딥테크 유니콘 기업 10개 창출을 목표로 '범부처 스케일업 R&D 투자전략'을 추진 중이다.

서울시도 '글로벌 Top 5 창업도시' 진입을 목표로 각종 창업 지원 정책을 활발히 펼치고 있다. 그러나 지난 지표가 보여주는 '서울의 창업도시 경쟁력' 수준은 위태로운 측면이 있었다. 예컨대 스타트업 지놈이 발표한 '2023 글로벌 창업생태계 보고서'에 따르면 서울의 창업도시 순위는 전년도 10위에서 12위로 하락한 것으로 평가되었다. 세계 선도기업이 부족하고, GDP 대비 유니콘 기업 수도 적고, 지식재산의 사업화 수준도 낮

CES 2025 관악S밸리관 발대식
GLOBAL IMPACT
글 로 벌 유 니 콘 의 시 작 ! !
2025 관악S밸리
오픈 이노베이션
2025
GWANAK S VALLEY
OPEN INNOVATION
관악구
HanaLoop
APGREEN
하나루프
김해연 대표
Solution
저희는 직접 모바일 머니퓰레이터를 개발하고 제어하여
공정과 호환 가능한 시스템을 구축하였습니다
관악 S 밸리

앉기 때문이다.

어떻게 하면 대한민국이 저성장의 함정에서 벗어나고 서울이 글로벌 Top 5 창업도시로 발전할 수 있을까? 민선 7~8기 '경제 구청장'을 표방하고 관악구를 벤처·창업의 새로운 중심지로 만들기 위해 '관악S밸리' 정책을 역점적으로 추진해 온 경험을 바탕으로 정부와 서울시에 몇 가지를 제언하고자 한다.

첫째, 한국형 실리콘밸리를 육성하기 위한 '정부-서울시-관악구-서울대의 지역 혁신 거버넌스 운영'이다. 전 세계 창업 생태계 1위인 미국 실리콘밸리는 물론이고, 보스턴-케임브리지 바이오 클러스터 모두 스탠퍼드대학교, MIT, 하버드대학교와 같은 세계 유수 대학을 품은 지역을 민·관·산·학·연이 협력해 세계적인 창업 생태계로 만들었다. 우리도 늦지 않았다. 서울대를 중심으로 한국형 실리콘밸리를 육성하는 일은 국가적 책무요, 시대적 소명이기에 모두 힘을 모아야 한다.

둘째, 글로벌 딥테크 혁신기업 육성 지원을 더욱 강화해야 한다. 올해 정부 창업 정책의 핵심어는 '글로벌'과 '딥테크'라고 볼 수 있다. 정부가 방향을 잘 잡았고 서울은 AI·빅테이터, 바이오·헬스케어, 제조·로보틱스 영역에서 강점을 가지고 있으므로 이 분야의 창업을 중점 지원하고 기업의 글로벌 진출을 체계적으로 지원한다면 많은 성과가 창출될 것이다. 이런 기대 속에서 관악구는 기존 관악S밸리 2.0 종합계획에 더해, 글로벌 딥테크 혁신기업 육성에 초점을 맞춘 '서울대 캠퍼스타운 2.0' 사업도 힘차게 추진하고 있다.

필자는 대한민국의 저성장 위기 극복에 일조하고 한국형 실리콘밸리 조성을 하루라도 앞당기고 싶은 절박한 심정으로 2023년 7월 경제 분야 글

로벌 협력과 선진사례 벤치마킹을 위해 미국 캘리포니아주 일대를 다녀
왔다. 쿠퍼티노시와 풀러턴시를 방문해 우호 협력과 국제 교류 사업에
대해 논의했으며, 관악S밸리의 역할 모델인 실리콘밸리와 스탠퍼드대학
교를 탐방했다. 또한 미국 경제활동의 핵심인 오렌지카운티 한인상공회
의소와 양해각서MOU를 체결했다. 이는 관내 스타트업의 미국 시장 진출
을 위한 발판을 마련한 가시적 성과였으며, 그때 놓은 다리가 현재 기업
간 비즈니스 매칭이나 정보 교류에 크게 기여하고 있다.

대한민국의 위대한 역사는 계속되어야 한다. 한국형 실리콘밸리의 꿈은
이곳 관악에서 반드시 이루어질 것이다.

이투데이 / 2023.08.07.

'감시'가 아닌 모두의 '관심'으로
안전한 사회를 만들어야 할 때

수년 전 해외 광고가 영국 언론의 거센 비판을 받았다. 새벽 런던 거리를 혼자 조깅하는 여성이 광고의 주인공으로 등장한 것이 비현실적이고 안전 문제에 무감각하다는 이유였다. 비판을 받아들인 삼성전자는 광고의 취지를 해명하고 사과문을 발표했다.

당시에는 국내에서 방영했다면 이렇게까지 논란이 되지 않았을 것이라는 여론이 많았다. 우리는 밤에 마음 놓고 혼자 다닐 수 있는 몇 안 되는 나라, 세계 어느 나라보다도 안전한 나라라고 자부했다. 외국인 관광객들이 손꼽는 장점으로 치안이 항상 빠지지 않을 만큼 우리나라는 세계에서도 인정하는 '치안 강국'이었다.

하지만 지난 2023년 불특정 다수를 대상으로 이어진 무차별 범죄와 범죄 예고 글로 우리 사회는 큰 충격에 빠진 바 있다. 외신도 "치안 강국 한국에서 이례적인 일이 일어났다"며 주목했다. 만약 해당 광고가 그 무렵 국내에서 방영됐다면 아마도 엄청난 비판을 받았을 것이다.

전 국민의 걱정과 불안이 확산되고, 모방 범죄가 발생할 우려가 있어 정부는 이상동기 범죄 종합대책을 발표했다. 특별 치안 활동, 범죄 예방 시

안전한국훈
재난안전대책본부장

설 확충, 가석방 없는 무기형 도입 추진, 중증 정신질환자 사법 입원제 도입 검토 등 각종 대책과 함께 관련 법률 제·개정도 서둘렀다. 경찰 또한 치안 인력을 재조정하고 범죄 위험 지역에 대한 감시 활동을 강화했다.

관악구도 당시 무차별 범죄 사건 직후 즉시 범죄예방 T/F를 구성하고, 지속적인 대책회의와 논의를 거쳐 「강력범죄 예방 생활안전 종합대책」을 수립했다. 365생활안전팀을 신설하는 등 주민들이 안심하고 생활할 수 있는 환경을 만들기 위해 모든 행정력을 집중해 왔다.

민·관·경 합동순찰, 경찰 퇴직자로 구성된 '숲길 안전지킴이', 신림사거리 일대 상시 순찰요원 배치 등 현장 순찰을 강화해 주민들의 일상생활을 빈틈없이 지키고 있다. 범죄 예방 인프라 확충에도 주력하고 있다. 관악구는 지난 2년간 범죄 취약 지역에 CCTV를 집중적으로 설치해 왔으며, 2027년까지 관악구 전역 CCTV 51% 확충, 보안등 20% 확충, 안심골목길 총 37개소 신규 조성 등을 목표로 차질 없이 사업을 진행 중이다.

관악구는 1인 가구 대상 안심 장비 지원, 고위험 정신질환자 발굴 및 맞춤형 심리 상담, 은둔·고립대상 일상생활 지원 프로그램과 구민 대상 호신술 특강 신설 등 범죄 예방 사업도 지속 확대하고 있다. 범죄 대응력을 향상시키고 스스로 안전을 지킬 수 있도록 '범죄 피해 예방 구민 행동 요령' 영상도 제작해 배포했다. 사회 구성원들이 안전에 대한 경각심을 가지고 구체적으로 인지할수록 더욱 능동적으로 대처할 수 있기 때문이다.

우리 사회가 다변화되면서 범죄 유형도 다양해지고, 범죄에 취약한 1인 가구는 갈수록 증가하고 있다. 교통과 정보통신기술 발달로 생활권 또한 넓어져 범죄의 대상이 시간과 장소를 가리지 않게 되었다. 지방정부의 안전 대책이 이러한 범죄를 완전히 근절할 수는 없겠지만 사각지대 최소화와 범죄 척결을 위한 사회적 공감대 형성에는 다소 기여할 수 있을 것이다.

안전은 행복한 삶을 누리기 위한 최소한의 장치이다. 감시와 규제만으로는 안전을 담보할 수 없으며 사회 구성원 모두의 관심이 필요하다. 중앙정부와 지방정부, 경찰은 임시방편적인 개별 대책이 아닌 일관된 메시지로 유기적인 협력을 이뤄야 할 것이며, 시민들은 안전 의식을 공유하고 정책에 적극 참여해야 할 것이다. 우리 모두 '치안 강국'이라는 자부심을 되찾을 수 있도록 각자의 역할에 충실하며 지혜를 모아야 할 때이다.

서울신문 / 2023.10.18.

인구구조의 변화,
지방정부의 적극적 역할이 필요하다

'눈에 띄지 않지만 점차 속도가 붙을 사회혁명'

세계보건기구WHO는 인구구조의 변화를 이렇게 표현했다. 인구구조는 사회·경제 전반에 광범위한 영향을 미친다. 최근에는 인구구조의 변화가 전 세계적으로 가속화되고 있다.

이에 정부는 인구구조 변화에 대응하기 위한 사회적 논의를 본격화하고 증거에 기반해 기존 정책을 지속 보완하며 필요시 과감하게 제도를 재설계 할 것임을 천명했다.

관악구에는 약 50만 명의 인구가 살고 있다. 청년 인구 비율은 꾸준히 증가하여 전국에서 가장 높은 41%이다. 한편, 고령화도 급속히 진행되어 노인 인구 비율도 약 18%에 이른다.

관악구는 이런 인구구조 변화에 대응해 선제적인 조치를 취했다. 대표적으로는 민선 7기 출범 이후 전국 기초자치단체에서 유일하게 청년 업무를 전담하는 '청년정책과'를 신설해 관악만의 특화된 청년정책을 펼쳐왔다. 2022년에는 청년 정책을 더욱 체계적으로 추진하기 위해 '청년문화국'으로 확대·개편했다.

청년 정책을 위한 인프라 확충에도 꾸준히 힘써 가시적인 성과가 나타나고 있다. 청년들의 활동과 교류를 위한 공간인 '신림동쓰리룸'은 큰 인기를 누리고 있으며 멤버십에 가입한 청년이 서울 청년센터들 중에서 가장 많다.

지난 2023년 개관한 청년 종합 활동 거점 공간인 '관악청년청'에서는 청년들이 주인공이 되어 각종 정책과 프로그램을 직접 운영하며 성장하고 있다. 이러한 노력에 힘입어 2023년에는 행정안전부 주관 「2023년 공공자원 개방·공유서비스 지방자치단체 실적평가」에서 우수사례로 선정돼 장관상을 수상하는 쾌거를 이루기도 했다.

초고령 사회 진입을 목전에 두고 어르신들의 요구를 반영한 건강과 여가문화를 누릴 수 있는 정책을 펼쳐 어르신들의 호응도 좋다. 관악구는 2023년부터 어르신들을 위해 스마트 경로당을 다수 구축하고 지능형 건강관리와 디지털 여가 프로그램을 운영해 비대면으로 노래 경연을 펼치기도 했다. 또한 노인회관·50플러스센터를 완공해 어르신 복지와 은퇴 전후 중장년층의 사회 참여를 종합적으로 지원하고 있다.

다문화는 이제 세계적인 추세이다. 관악구에 거주하는 다문화 가구 구성원은 약 1만 명으로 매년 꾸준히 증가하고 있다. 우리 구는 서로가 공존하는 사회 조성을 위해 중장기 발전 계획 연구 용역을 실시하고 4개 분야 20여 개 중점 사업을 도출해 냈다. 이를 바탕으로 우리 구에 맞는 정책 목표를 설정하고 경쟁력 있는 '상호문화도시'를 육성해 나가고 있다.

인구구조는 오늘도 조용히, 그러나 급변하고 있다. 특히 관악구는 청년 인구가 많은 만큼 지역의 특색을 반영하며 다양하게 변화하고 있다. 인구구조의 변화에 대응하는 것은 지방정부만의 일이 아니다. 중앙정부와

2025
참좋은 지방자치 정책대회
참좋은 지방정책으로 국민을 든든하게
참좋은 지방정책으로 국민을 든든하게

지방정부가 합심하여 방안을 모색해야 한다. 중앙정부는 지방정부가 정부의 거시적 전략 아래 각 지역적 특성을 반영한 정책을 실현할 수 있도록 적극적인 재원 지원과 지방분권을 강화해야 한다. 주민의 삶 속에 있는 지방정부야말로 지역의 특색을 가장 잘 반영할 수 있기 때문이다.

인구구조 변화를 몸소 체감하고 적극적으로 대응한 관악구의 청년 정책은 전국 지방자치단체의 롤 모델이 되고 있다. 한 마리 나비의 날갯짓이 전체에 막대한 영향을 미친다. 지방정부의 작은 변화, 작지만 그 위대한 노력이 머지않아 맞게 될 혁명과 같은 인구구조 변화에 대응할 가장 현명한 방법일 것이다. 지방정부의 유기적이고 민첩한 역할이야말로 우리 대한민국을 다시 뛰게 만들 원동력이라고 확신한다.

한겨레 / 2024.01.19.

지역경제의 활력,
재정분권에서 시작되어야

국내외 경제는 마치 청룡열차 꼭대기에 서 있는 듯 아슬아슬한 형국이다. 경제협력개발기구OECD에 따르면 세계 경제 성장률은 낮은 성장세가 전망되며, 한국도 역시 예외가 아니다. 특히, 대한민국은 3고 현상고물가, 고금리, 고환율과 높은 가계부채가 경제성장에 큰 걸림돌이 되고 있다.

이처럼 어려운 경제여건과 전례 없는 세수 감소에도 지방정부는 주민을 위해 행정 서비스를 차질 없이 제공하고 새로운 사업에도 투자해야 한다. 관악구는 전체 예산 중 사회복지 분야 예산만 60% 이상을 차지할 정도로 필수 경비 예산 비중이 커서 가용 예산이 부족한 실정이다.

또한, 재정분권이 이뤄지지 않아 세입 기반 확충에도 어려움이 있다. 2025년 기준 관악구 재정자립도는 16.6%로 서울시 25개 자치구 중 22위에 머물렀다. 서울시 평균26.8%에도 한참 미치지 못하는 수치다. 구조적인 재정 빈곤 속에서 지역 발전을 위해서는 외부 재원 확보가 생존의 문제이자 선결 과제였다.

이에 관악구는 민선 7기부터 외부 재원 유치를 전담하는 대외정책팀을 운영해오고 있다. 전 부서와 함께 총력을 기울인 결과 2025년 12월 말 기

관악일자리
행복주식회사
양질의 일자리 창출로 구민이 행복한
관악일자리행복주식회사 출범식
일시: 2025. 7. 1.(화) 11:00   장소: 은천마루
자동심장충격기
설치시설
AED
은천마루 2층 복도
은천마루 Euncheon-Maru

준, 총 1조 1806억 원을 유치했고, 관악구는 마침내 '본예산 기준 1조 원 시대'를 열었다.

구정에서 모든 분야가 중요하겠지만 필자는 단연 '일자리'가 우선이라고 생각한다. 일자리가 최고의 복지이기 때문이다. 일자리가 많아지면 사람이 모인다. 사람이 모이면 주변 상권과 주택시장이 활성화되어 선순환 지역 경제가 발전한다.

관악구는 청년 인구 비율이 41%로 전국 1위인 동시에 노인 인구도 18%로 타 지역 대비 높다. 좋은 일자리가 늘어나면 청년은 결혼과 출산을 꿈꿀 수 있고, 어르신들은 여유로운 노후를 누릴 수 있다.

2024년부터 관악구는 1만 1,750개 이상의 일자리 창출을 목표로 쉼 없이 달려왔다. 서울시 자치구 중 최대 규모의 '동행 일자리'를 제공한 경험을 바탕으로 구에서 직접 나서 일자리를 많이 창출하고, 좋은 일자리를 만드는 기업에도 전폭적인 지원을 아끼지 않고 있다.

그러나 지속 가능한 도시를 위해서는 혁신적인 지역 경제 시스템 구축이 중요하다.

그 열쇠는 바로 대학, 기업, 지역이 상생하는 세계적인 창업 중심지 '관악S밸리' 조성에 투자하는 것이라고 판단했다. "미국에는 실리콘밸리, 중국에는 중관촌이 있다면 한국에는 관악S밸리가 있다."라는 말을 듣는 것이 구청장으로서의 꿈이다.

우리나라 최고의 인재가 모이는 서울대학교와 함께 '낙성벤처밸리', '신림창업밸리' 두 축으로 '관악S밸리'를 조성해 왔다. 창업 인프라 구축, 투자 연계, 역량 강화 등 다방면에서 기업의 성장을 지원한 결과, 현재 관악S밸리에는 민간 창업기업까지 포함해 600여 개 기업과 3,000여 명의 창업가가 활동하고 있다.

관악S밸리는 세계적으로도 주목받고 있다. 지난 2024년 1월 세계 최대 전자·정보통신ICT 박람회인 국제전자제품박람회CES 2024에 관악구가 자치구 최초로 전시에 참가하는 영예를 안았다. 당시의 참가는 관악S밸리 입주 기업들이 글로벌 유니콘 기업으로 성장할 수 있는 가능성을 확인하는 결정적 계기가 되었다.

지속되는 고물가와 고금리로 힘들게 생활하는 서민들을 생각하니 마음이 아프다. '경제 구청장'이 되어 서민이 체감하는 따뜻한 정책을 선도적으로 추진하고, 청년이 마음껏 꿈을 펼칠 수 있는 '대한민국 최고의 청년 문화 수도'를 만들고 싶다. 하지만 이를 위해서는 '국세의 지방 이양'이 우선되어야 지방정부의 취약점 보완과 지역 특화 사업에 투자 가능한 예산 확보가 가능하다. 진정한 지방자치는 재정분권으로부터 시작되는 것이 아닐까.

내일신문 / 2024.03.04.

청렴하고 적극적인 행정은
시대적 소명이다

국가 청렴도는 국제투명성기구의 국가 분석 전문가들이 각국의 공공부문 부패 수준을 평가하여 해마다 발표한다. 최근 발표된 국가 청렴도 순위에 따르면 한국은 100점 만점에 63점을 받아 평가 대상 180국 가운데 32위를 기록했다.

한국은 2016년 청탁금지법 시행 이후 2022년까지 국가 청렴도 순위가 계속 상승해오다가 2023년 한 단계 하락하며 주춤한 양상을 보인 바 있다. 국가 청렴도를 향상시키기 위해서는 무엇보다 국민들과 가장 가까이에 있는 지방정부 공직자들의 확실한 인식 변화와 적극적인 노력이 필요하다. 공공부문의 청렴에 대한 시각은 그동안 조금씩 변화되어 단순히 공직자들의 성품과 행실이 맑고 탐욕이 없는 것만을 의미하지 않는다. 이제는 '적극행정'도 국가 청렴도의 평가 기준이 될 정도로 청렴은 광의의 개념이 되었다.

이런 배경에서 정부는 국민권익위원회 청렴도 평가 항목에 적극행정과 업무처리의 투명성을 추가했다. 이는 우리 국민들의 청렴에 대한 높은 기대 수준을 반영한 결과다.

관악구는 그동안 국민권익위원회를 중심으로 추진하는 정부 차원의 청렴도 향상 시책에 적극 부응하면서 주민 삶의 질 향상을 위한 적극 행정을 선제적으로 펼쳐 왔다. 그 결과 2년 연속 '적극행정 우수기관'에 선정되는 영예를 안았다. 이는 주민과 긴밀히 소통하면서 주민의 필요를 충족시킨 치열한 노력의 산물이다.

일례로 종전에는 민원인이 2회 이상 방문해야 처리할 수 있는 중개사무소 개설이전 등록 업무를 1회 방문으로 가능하도록 '부동산 중개업 원스톱ONE-STOP 시스템'을 구축했다. 누가 시키지 않았음에도 주민의 입장에서 불편을 해소하기 위해 노력한 일선 공무원의 적극행정이 불러온 값진 성과였다.

또한 총 50회에 달하는 협상 활동으로 40년 묵은 숙원 사업이었던 신대방역 불법 노점을 성공적으로 정비했다. 여러 상권에 보행친화 거리를 조성하고 상권별로 특화된 '골목상권 축제' 등을 개최했다. 이를 통해 상인들의 자생력을 높이고 지역주민들에게는 문화 향유의 기회를 제공했다.

특히, 지난 2023년 '고독사 위험군'을 선제적으로 발굴하고 집중 모니터링을 실시하는 등 고독사 예방을 위한 신규 사업을 기획하고 적극적으로 추진하여 보건복지부 평가에서 전국 1위인 최우수 지자체_{장관상}로 선정되는 쾌거를 거뒀다.

이렇듯 관악구는 적극행정을 통해 가시적 성과를 창출하고 있다. 과거 공직자들을 부정적으로 바라보던 주민들도 차츰 긍정적인 시각으로 바라보며 신뢰를 보내주고 있다.

지방정부 일선의 모든 공직자가 견실한 청렴의 기초 위에 적극행정을 펼친다면 주민들의 행정 서비스 만족도가 크게 높아지고 공직사회를 보는 인식도 대폭 개선될 것이다.

'청렴과 적극행정'은 시대적 소명이다. 대한민국 모든 공직자들이 청렴, 적극행정을 실천한다면 국가 경쟁력이 높아지고 국민 행복 수준이 크게 향상될 것이다. 머지않아 대한민국이 국가 청렴도 세계 10위권에 진입하는 밝은 미래를 고대한다.

동아일보 / 2024.04.16.

여섯 번째 이야기.

박준희와 함께하는
주민주권 관악

이재명 정부는 빛의 혁명으로 탄생했다. 국민주권정부라는 이름에는 주권자인 위대한 대한국민의 염원을 반드시 이뤄내겠다는 이재명 대통령의 강력한 의지가 담겨 있다. 행복도시 관악은 주민주권을 완벽히 실현해 이재명 정부의 성공에 앞장설 것이다.

#미용의 정원
제 4 회

실질적 자치분권을 바란다

정부와 국회에 바란다. "자치분권을 실천하라. 이는 시대적 소명이다."
지방자치법 전면 개정, 권한과 예산의 과감한 이양, 주민 참여 기반의 직
접민주주의 강화는 대한민국이 나아가야 할 분명한 방향이다. 1991년 지
방의회 구성, 1995년 단체장 직선제로 민선 지방자치가 부활한 지 어느
덧 30년이 넘었지만 진정한 자치와 분권은 여전히 과제로 남아 있다.
지방자치의 완성은 주민 중심의 직접민주주의 실현에 있다. 이는 관악구
구정 운영의 핵심 가치이기도 하다. '주민이 구정의 주인'이라는 철학 아
래 주민이 정책 결정에 실질적으로 참여하는 구조를 탄탄하게 만들어 왔
다. 그 중심에는 '더불어으뜸관악 혁신·협치위원회'가 있다. 각계 대표,
전문가, 주민 등이 참여해 민간의 전문성과 창의성을 구정에 실질적으로
반영하고 있다. 민선 7기부터 수백 건의 정책 제안을 통해 민관이 함께
정책을 기획하고 실행하는 협치의 구조를 지역사회에 뿌리내렸다.
매주 목요일 구청장은 열린 구청장실 '관악청'聽에서 주민을 만난다. 민
원부터 정책 제안까지 주민과 마주 앉아 허심탄회하게 논의하는 소통의
장이다. 관악청은 '찾아가는 이동 관악청', '온라인 관악청'으로 확대되어

시간과 공간의 제약이 없는 소통 플랫폼으로 발전했다. 특히 '온라인 관악청'은 365일 직접민주주의 온라인플랫폼으로, 2022년 OECD 공공부문 혁신 사례에 선정되며 세계적으로 인정받은 바 있다. 주민들이 마을 의제를 발굴하고 스스로 해결하는 '관악형 주민자치회'도 운영한다. 각 마을별 자치 역량과 실행 의제에 따라 움직인다. 주민참여예산제, 관악구 협치회의, 주민자치학교 등도 활발히 운영 중이다.

코로나19, 탄핵 정국 등 국가적 위기 상황에서 지방정부의 중요성은 더욱 분명하게 드러났다. 당시 관악구는 청소 살수차를 급히 방역차로 전환했고 지역 내 병원은 비접촉 검사를 위한 '워크 스루'Walk-through를 개발했다. 민생경제가 얼어붙던 시기, 예산 조기 집행과 지역화폐 발행 등 선제적 조치로 지역 상권과 공동체 기반을 지켜냈다. 이런 민첩함과 유연함은 현장을 잘 아는 지방정부만이 해낼 수 있는 일이다.

하지만 우리나라는 OECD 국가 중 중앙집권도가 가장 강하며, 특히 재정자치의 제약은 뼈아프다. 지방정부가 단순한 복지사업 하나, 시의성이 필요한 정책을 구상해도 많은 제도적 장벽을 넘어야 한다. 여전히 국세가 전체 세입의 70% 이상을 차지하고, 재정 권한이 중앙에 집중되어 있어 지방재정의 자율성은 크게 제한된다.

입법자치의 한계도 분명하다. 기초지자체는 상위 법령의 테두리 안에서만 조례를 제정할 수 있어 지역 특화 정책이나 혁신적 시도가 무산되는 경우도 적지 않다. 국장 한 명을 개방형으로 임용하는 데에도 중앙과 협의가 필요하고, '기준인건비' 제한에 의해 꼭 필요한 인재 영입에 어려움이 발생하기도 한다. 조직 운영의 자율성 역시 제약받고 있다.

대한민국이 지속 발전하려면 지방정부의 역할이 무엇보다 중요하다. 기

후위기 대응, 경쟁력 있는 지역산업 육성, 주민 삶의 질 향상 등 어느 하나 소홀히 할 수 없다. 243개 지방정부가 모두 주인공이 되어, 각자의 자리에서 책임 있게 활약해야 한다. 이제는 명실상부한 '지방정부 시대'를 열어야 한다. 단지 명칭의 문제가 아니라 실질적 권한과 자율이 뒷받침되는 구조로 전환해야 한다. 그래야만 주민과 함께하는 직접민주주의도 온전히 실현될 수 있다. 주민이 주인인 자치, 지방정부가 중심이 되는 실질적 분권, 이것이야말로 지속 가능한 대한민국의 미래를 위한 첫걸음이다.

서울신문 / 2025.04.18.

안부를 묻는 골목,
고독사 없는 관악의 길

"외로움은 하루 담배 15개비만큼 해롭다."는 연구 결과가 있다. 인간관계의 단절은 곧 외로움의 시작이고, 외로움은 삶의 의지를 갉아먹는 독으로 변한다. 모든 행복은 사람과 사람 사이의 관계에서 출발한다.

보건복지부의 '2024년 고독사 사망자 실태조사'에 따르면, 최근 5년간 고독사는 연평균 5.6%씩 증가하고 있으며 특히 50대 이상 중장년 남성이 주요 고위험군으로 지목되고 있다. 가족과 이웃, 사회와의 연결이 끊긴 채 홀로 생을 마감하는 고독사는 더 이상 개인의 문제가 아니라 사회 전체가 함께 풀어야 할 과제이다.

일찍이 영국과 일본은 고독을 '사회적 재난'으로 인식하고 고독 전담 장관을 두는 국가 차원의 대응에 나섰다. 우리나라 역시 고독사 문제에 대해 보다 적극적이고 체계적인 대응이 절실한 시점이다. 국가적 의제로 부상한 고독사는 정부는 물론이고 이웃, 지역사회, 민간 전문가가 함께 손잡을 때 비로소 해결이 가능하다.

관악구는 1인 가구 비율이 62.7%로 서울시 자치구 중 가장 높다. 그만큼 고립과 단절의 위험도 크다. 이에 구는 고립 예방을 위한 종합대책을 추진 중이다. 5년간2025~2029 977억 원을 투입, 21개 전 동에서 각 특성에 맞는 생활밀착형 정책을 본격 추진 중이다. 한편 종합사회복지관을 '고립 가구 전담 기구'로 지정하고 경찰서, 소방서, 복지기관 등과 협약을 맺어 위기 가구를 조기에 발굴해 지원하고 있다.

고독사를 막기 위한 핵심은 결국 '일상의 관계망'을 어떻게 회복하느냐에 달려있다. 고립을 예방하고 주민 간 연결을 돕기 위해 '이웃사랑방', '마음편의점' 등 공동체 공간을 운영하고, 중장년 남성을 위한 요리 모임, 텃밭 활동, 반찬 나눔 등 참여형 프로그램을 통해 이웃 간의 연결을 촘촘히 잇고 있다. 함께 음식을 만들고 땀을 흘리고 마음을 나누는 경험은 자연스럽게 고립을 줄이고 지역 공동체의 회복으로 이어진다.

무엇보다 중요한 것은 행정이 돌봄의 주체가 되어 민간과 긴밀히 협력하는 구조를 만드는 일이다. 이를 바탕으로 주민이 이웃을 살피는 구조가 정착되어야 '일상의 안전망'이 지속 가능하게 작동할 수 있다. 예컨대 매월 25일 '우리동네 주주데이'에는 통·반장이 동네 구석구석을 살피며, 집 앞에 쌓인 우편물이나 배달 음료 등을 통해 이상 징후를 확인하는 것이 이제 하나의 동네 문화로 자리 잡았다. 위기 가구로 의심되면 즉시 동 주민센터가 나서서 맞춤형 복지서비스를 연계한다.

최근에는 은둔·고립 청년의 고독사 예방도 중요한 과제다. 관악구는 보건복지부 시범사업에 선제적으로 참여해 심리 상담, 사진 예술 모임, 취업 교육 등 맞춤형 프로그램을 통해 청년층의 사회 복귀를 돕고 있다. '보이지 않던 청년'을 지역사회의 이웃으로 되돌리는 섬세한 지원이 끊임없이 이어지고 있다.

국가 차원의 체계적인 정책 뒷받침도 필수이다. 현재 정부는 '제1차 고독

우리동네돌봄단
"우리 이웃을 향한" 관계를 잇는 소통의 기술
2025년 우리동네돌봄단 직무교육
일시 2025. 2. 19.(수), 15:00~17:00   장소 관악구청 8층 대강당   강사 송창현 ㈜밸류브릿지 대표사 예방 기본계획'2023~2027을 수립해 대응 중이나, 실효성과 지역 적용성 측면에서는 여전히 아쉬움이 남아 있다. 앞으로 정부는 고독사를 '국가적 재난'으로 인식하고 보다 과감하고 지속적인 정책을 추진해야 하며, 243개 지방정부는 지역의 특성과 수요에 맞는 실천적 정책을 더욱 적극적으로 시행해야 한다.

고독사는 누군가의 문제가 아닌 우리 모두의 이야기이다. 함께 노력하면 예방할 수 있다. 따뜻한 인사가 오가는 골목, 함께 음식을 만들고 삶의 이야기를 나누는 하나하나의 작은 실천이 고독사 예방의 지름길이다.

관악구는 앞으로도 민관이 함께 따뜻한 돌봄의 장을 만들고, 누구도 소외되지 않는 '포용의 공동체'를 향해 끊임없이 걸어갈 것이다. 주민 한 사람 한 사람이 외롭지 않도록, 관악의 모든 골목이 '안부를 묻는 거리'가 되도록.

아시아투데이 / 2025.05.28.

유능한 정부,
유능한 지방정부로 완성된다

유능한 정부의 성공은 결국 지방정부의 실행력에 달려 있다. 새로운 국정 방향이 현장에서 제대로 작동하려면 지방정부가 더 유능한 실행 주체로서 제 역할을 다해야 한다. 특히 우리 경제의 실질적 변화는 지역에서 시작되므로 주민과 가장 가까운 곳에 있는 지방정부가 선도해야 한다.

일찍이 관악구는 지역 경제의 체질을 근본적으로 개선하고자 '혁신 생태계' 조성에 행정 역량을 집중했다. 기술창업과 벤처기업 육성을 통해 지속 가능한 일자리 기반을 만들고 지역에 새로운 활력을 불어넣는 전략을 역점 추진했다.

이 전략의 중심에는 관악S밸리가 있다. 낙성벤처밸리와 신림창업밸리를 양축으로 창업 인프라 확충과 기술 기반 기업 유치에 힘썼다. 그 결과, 관악S밸리는 벤처기업육성촉진지구로 지정되고 여러 입주기업이 국제전자제품박람회CES에서 혁신상을 수상하는 쾌거를 달성하며 세계적인 주목을 받고 있다.

한편 관악구는 지역경제의 실핏줄인 골목상권 육성에도 심혈을 기울였다. '별빛신사리 상권 르네상스' 사업을 성공적으로 추진해 점포 715개가

Google
nVIDIA
Microsoft
DeepMind
대한민국
청년수도
AI챔피언
AI챔피언
AI챔피언
AI챔피언
AI챔피언
AI챔피언
서울시 최초!
관악구, Ai 챔피언 인증자 최다 배출
주관 : 행정안전부

밀집한 신원시장 및 서원동 상점가 일대를 문화 중심 상권으로 재편해 이를 통해 2020년부터 시작된 5년 간의 사업 기간 동안 매출을 25% 이상 끌어올리며 상권의 자생력을 확보하는 유종의 미를 거두었다.

샤로수길에서는 로컬브랜드 육성 사업이 한창이다. 청년 창업과 상인 참여를 바탕으로 거리 경관을 개선하고 상권 특화 콘텐츠를 도입해 서울 대표 로컬 상권으로 자리매김하고 있다. 관악구 인근 보라매공원에서 개최된 서울국제정원박람회와 연계한 할인 행사와 상권 축제는 지역 소비를 촉진하며 소상공인 매출 증대에 실질적으로 기여한 우수 사례로 평가되었다.

국민주권 시대에 '일자리는 최고의 복지'다. 일자리 정책 역시 지역 여건에 맞게 정교하게 설계되어야 한다. 지역 특성과 수요를 반영한 일자리 정책은 중앙정부보다 지방정부가 더 유연하고 실효성 있게 추진할 수 있다. 관악구는 인구구조와 산업기반을 분석해 창업 공간 확충, 공공일자리 운영 등 실효성 있는 해법을 실행하고 있다.

그 결과, 2025년 일자리 목표 1만 2,300개를 초과 달성했다. 청년 비율이 41.4%로 전국 최고인 동시에 고령화율도 서울시 상위권에 속하는 지역 여건을 반영해 세대별 수요에 맞춘 일자리 정책도 강화하고 있다. 특히 청년은 관악구 일자리 정책에서 가장 중요한 축이다. 관악청년청, 청년취업사관학교를 중심으로 교육과 창업을 연계하고 '청년 도전 지원 사업'과 '청년 성장 프로젝트'를 통해 정책 실효성을 높이고 있다.

지난 2025년 7월 1일, 관악구에는 지역의 창업과 일자리를 전문적으로 지원할 기관 2개가 출범해 본격적인 항해를 시작했다. 관악중소벤처진흥원은 유망 스타트업을 발굴하고 창업 전주기에 걸쳐 체계적이고 전문적인 지원을 제공해 자립 가능한 창업 생태계 조성을 뒷받침하고 있다. 일자리행복주식회사는 책임경영 구조 아래 공공 일자리를 개발하고 수익을 고용으로 환원하는 선순환 구조를 안정적으로 구축해 나가고 있다.

관악구의 선제적인 시책은 외부에서도 높은 평가를 받았다. '전국 지방자치단체 일자리 대상' 3년 연속 수상과 대한민국 최초 '청년친화도시' 지정, '대한민국 지방자치정책대상' 최우수상 수상 등이 대표적이다.

지역의 문제를 가장 먼저 감지하고 대응할 수 있는 주체는 지방정부다. 그러나 제도적 한계는 여전하다. 지역의 수요는 복합적이고 시급하지만 예산 구조와 결정 권한이 중앙에 집중돼 있어 정책의 신속성과 실효성이 떨어진다. 포괄보조금 확대와 예산 자율권 확보 없이는 지역 실정에 맞는 정책 추진이 구조적 한계에 부딪힐 수밖에 없다.

지방정부는 주민 삶의 최전선에 있다. 창업 기업이 성장하고 골목상권이 활기를 되찾으며, 다양한 세대가 함께 일할 수 있는 기반은 지역 안에서 마련돼야 한다. 청년이 지역에서 미래를 설계하고, 중장년이 지속적으로 일할 수 있으며, 어르신이 안정된 노후를 누릴 수 있어야 지역 경제는 건강하게 작동한다.

혁신은 기술 자체의 발전과 더불어 사람의 삶을 바꾸는 변화에서 시작되어야 한다. 창업과 일자리, 상권 회복까지 관악구가 추진해 온 모든 정책은 결국 더 나은 삶을 위한 기반을 마련하기 위함이다. 관악은 앞으로도 지역의 가능성을 현실로 바꾸는 '혁신의 도시'로 주민과 함께 한 걸음 더 나아갈 것이다.

한겨레 / 2025.07.03.

우문현답!
경로당 순회의 추억

찬 바람이 옷깃을 여미게 하는 새해 벽두다. 지난 2025년 한 해를 돌아보며 구청장으로서 가장 기억에 남는 일 단 하나를 꼽으라면 지난여름의 '경로당 순회 방문'을 들고 싶다. 무더위가 기승을 부리던 7월과 8월, 두 달 동안 관악구 경로당 115곳을 빠짐없이 찾아 어르신들과 마주하고 이야기꽃을 피웠다. 짧게는 생활 속 불편함부터 길게는 인생살이의 지혜까지, 현장에서 받은 소중한 건의가 무려 353건에 달했다.

에어컨과 선풍기 지원 요청은 무더위 속 어르신들의 절실한 호소였다. 48대를 신속히 지원했을 때 어르신들이 보여 준 환한 웃음은 무엇과도 바꿀 수 없는 보람이었다. 예상치 못한 냉장고 요청도 있었다. 기존의 냉장고가 고장 나서가 아니라 중식 지원이 주 5일로 늘어나면서 식재료를 보관할 공간이 부족해졌다는 이야기였다. 행정이 미처 헤아리지 못한 수요를 현장에서 비로소 알게 된 순간이었다.

한여름인데 난방 민원도 있었다. 경로당의 보일러와 배관이 낡아 겨울이면 방이 춥다는 사연이었다. 오랜 공사에서 오는 불편함을 감수할지, 임시 대안을 찾을지 의견이 분분했지만 진지한 대화를 거쳐 결국 '겨울이

오기 전 전면 보수 공사'로 의견이 모였다. 어르신들과 함께한 자리에서 경로당은 단순히 쉼터가 아니라 문제 해결을 위해 행정이 어르신들과 함께 고민하고 결정하는 '풀뿌리 민주주의의 장場'이라는 사실을 다시금 확인했다.

순회 방문 중 특별한 선물도 받았다. 어르신들이 불러주신 '관악의 큰아들, 효도 구청장'이라는 애칭, 그리고 MZ세대 공무원들이 붙여 준 '관악 아이돌'이라는 별명이다. 아직 방문 순서가 아니었던 경로당에서 "우리가 먼저 모시고 싶다!"며 작은 소동이 벌어졌을 때는 구 행정에 대한 믿음과 지지가 느껴져 가슴이 뭉클했다.

한 어르신의 이색 제안이 생각난다. 매일 관악구 모든 경로당에서 회원들이 스트레칭이나 실내 걷기를 의무적으로 하도록 하는 구 조례를 제발 좀 만들어 달라는 요청이었다. 조례로 실내 운동을 의무화하는 게 현실적으로 어렵겠지만 모두가 함께 즐겁고 건강하게 오래 살고 싶다는 진심이 느껴져 감동이었다.

순회 방문을 마친 후 구청장과 동고동락한 직원들을 치하하는 조촐한 식사 자리를 가졌다. 그때 어르신복지과의 의욕적인 공무원에게 들은 말이 귓가에 생생하다. "청장님, 경로당 시설 개선 요청이 들어오는 경로가 대개는 동 주민센터나 경로당 회장님 또는 총무님인데요. 구청장님과 함께 현장에 가보니까 미처 알지 못한 수요를 알게 됐습니다. 어르신들이 둥글게 모여 앉아 문제를 해결해 보려고 오순도순 이야기하는 모습이 인상적이었고, 숙의 민주주의와 직접민주주의가 이런 거구나 체감할 수 있었습니다."

도시 브랜드가 '대한민국 청년수도'이고 청년 인구 비중이 전국 1위인 관악구도 곧 초고령 사회에 들어간다. 이번 순회 방문을 통해 다시 확인했다. 우문현답! '우리 문제는 늘 현장에 답이 있다'는 사실. 자식의 마음으로 어르신들의 목소리에 귀 기울이고 생활 속 불편함을 세심히 살피는 태도가 무엇보다 중요함을 깨달았다.

'아이돌 효도 구청장'이라는 별명에 담긴 사랑과 책임을 마음 깊이 새기며 앞으로도 '섬김의 감동 행정'을 통해 어르신들이 건강하고 행복하게 노년을 누릴 수 있도록 최선을 다할 것이다. 어르신들이 단순한 웰빙을 넘어 신체와 정신이 모두 건강한 웰니스Wellness를 실천할 수 있도록 '고령친화도시' 시책을 힘껏 추진해 나가겠다.

서울신문 / 2025.09.16.

힐링이 곧
도시 경쟁력이다

2000년대 초반, 인터넷과 정보기술IT 산업이 급성장하고 저금리로 대출과 소비가 활발하던 경기 호황기는 '웰빙' 열풍이 불며 '잘 먹고 잘사는 것'을 고민하던 때였다. 지금 우리가 못 먹고 못 산다는 말은 아니다. 하지만 2년간의 고된 코로나19 팬데믹을 지나 국가 간 분쟁이 지속되고, 오랜 불황의 터널을 지나고 있다. 사람들은 이제 지쳐서 뉴스와 SNS를 보는 것조차 짜증난다고 말한다.

지금 우리에게는 회복과 치유가 절실하다. 사실 '힐링'은 웰빙, 욜로YOLO, 소확행처럼 이름과 방식을 바꿔가며 어느 시대에나 있는 말이다. 그러나 우리 사회를 더 건강한 삶, 더 원만한 관계로 채우기 위해서는 지속적이고 꾸준한 '힐링의 충전'이 필요하다.

상황이 이러니 구청장으로서 내 집 앞에서 휴식과 여가를 즐길 수 있는 '살기 좋은 도시'를 만드는 일은 현시점에서 더욱 고개를 끄덕일 만한 사명이다. 벤처·창업도시라는 미래 먹거리 산업도 발굴하고 있지만, 결국 힐링할 수 있는 일상으로 이어지는 선순환 체계가 구축돼야 머물고 싶은 도시, 살고 싶은 도시로서 경쟁력을 갖출 것이다.

서울의 1인당 도시공원 면적은 4.6㎡라고 한다. 밀도 높은 건물, 차로 가득 찬 도로, 쉴 틈 없는 일상 속에서 잠시 눈을 감고 맑은 공기를 들이마시며 쉴 수 있는 공간이 1.5평에도 못 미치다니! 지역 곳곳에 힐링 인프라를 심고, 자연과 함께 힐링 콘텐츠를 즐길 수 있도록 공원여가국을 신설해 '힐링·정원 도시' 조성을 시작한 이유다.

공원여가국은 요즘 매우 바쁘다. '관악산공원 24 프로젝트'로 관악산 자락 24개 근린공원을 재정비해 주민들이 언제든 도심 속에서 자연과 여가문화를 누릴 수 있는 테마공원을 만들고 있다. 접근성 좋은 산책로에 맨발로 걷는 황톳길도 11곳이나 조성했다. 계절별 화초류를 즐길 수 있도록 띠녹지와 도시 정원을 관리하는 일은 기본이다. 2027년이면 서울 남부권 최초의 '자연 휴양림'이 관악산에 들어선다. 멀리 떠나지 않아도 피톤치드 가득한 숲속 휴양시설에서 '숲캉스'를 즐길 날이 머지않았으니 당장 관악구 주민인 나부터도 설렌다.

최근 한 학부모로부터 "집 앞 어린이공원에 물놀이장을 마련해주셔서 애들이 집에 갈 생각을 안 한다"는 웃음기 어린 하소연을 들은 적이 있다. 힐링·정원 도시가 당장 수치화된 성과를 가져다주지 않을지도 모른다. 그러나 긴장과 경직, 갈등으로 점철된 우리 삶을 몽글몽글하게 만들어 살기 좋은 사회로 가는 혈을 뚫어줄 것이라는 기대가 확신으로 바뀌는 순간이었다.

어느덧 새해가 밝았다. 문득 지난 늦여름 관악산에서 열렸던 '밤하늘 영화제'가 떠오른다. 선선해진 밤공기 속에서 소중한 사람들과 편안한 의자에 기대앉아 여유롭게 영화를 보던 주민들의 행복한 표정은 상상만으로도 코끝이 찡해지는 감동이었다. 2026년 새해에도 우리 관악구는 구

민 여러분의 지친 일상을 어루만지는 따뜻한 '힐링의 도시'가 될 것이다. 추운 겨울 웅크린 몸과 마음이 머지않아 찾아올 관악의 봄기운 속에서 다시금 활짝 피어나기를 온 마음으로 소망한다.

한국경제 / 2025.09.03.

내 집이
가장 좋은 요양원입니다

"이대로 가지 뭣 하러 또 눈이 떠졌나."

얼마 전 늦은 밤, 우연히 본 다큐멘터리 속 한 어르신의 나직한 읊조림이 가슴에 '쿵' 하고 내려앉았다. 삶의 모든 맛을 잃어버린, 그래서 입맛마저 잃어버린 할머니. 작은 인공지능AI 로봇이 텅 빈 집에 온기를 불어넣기 전까지 어르신의 세상은 온기 없는 잿빛이었다. 화면 속 어르신의 모습은 남의 일 같지 않았다.

초고령 사회라는 말이 더는 낯설지 않은 시대다. 나이가 들수록 몸이 아픈 날보다 마음이 시린 날이 많아진다는 어르신들의 하소연은 어쩌면 가까운 미래, 우리 자신의 모습일지 모른다. 한 연구 결과에 따르면 외로움은 하루에 담배 15개비를 피우는 것만큼 건강에 치명적인 해를 끼친다고 한다. 자녀들은 저마다의 삶에 치여 바쁘고, 텅 빈 집에 홀로 남은 어르신들은 세상과 단절되기 쉽다. 그러다 몸이라도 편찮아지면 정든 집과 이웃을 떠나 낯설고 먼 곳으로 향해야 하는 현실은 어르신과 자녀 모두에게 깊은 상처와 슬픔을 남긴다.

요즘 '먹사니즘'과 '잘사니즘'이 화두다. 이건 거창한 구호가 아니라 사람

참좋은 지방정책으로 국민을 튼튼하게

2025
참좋은 지방자치 정책대회
11. 07. 회의사당 사랑

치매국복

2025
참좋은지방자치 정책
참좋은지방정부
최우수

관악 대한민국
청년수도

2025 참좋은 지방자치 정책대회
관악구, 『치매안심도시 관악』 수상
일자 | 2025. 11. 7.(금)   주최·주관 | 참좋은지방정부협의회

과 공동체의 기본적인 삶을 잘 챙기자는 이야기다. 초고령 사회를 마주한 어르신들은 자녀에게 짐이 되지 않고, 오랫동안 살아온 정든 동네에서 이웃과 건강한 밥상을 마주하는 소박한 일상이 계속되기를 원한다. 이 당연하고도 존엄한 권리를 지켜드리는 것이 '통합돌봄'의 핵심이다.

우리 구는 돌봄이 이제 한 개인이나 가정의 몫이 아니라 '공동체 모두의 책임'이 돼야 한다는 믿음으로 통합돌봄 사회로의 진출을 착실히 준비하고 있다. 21개 모든 동 행정복지센터에 통합돌봄 지원 창구를 열어 누구나 쉽게 도움을 청할 수 있도록 문턱을 낮췄다. 어르신들이 집에만 갇혀 있지 않도록 스마트 경로당, 관악어르신행복센터 등을 운영하며 동네 곳곳을 어르신들의 웃음소리 가득한 배움과 교류의 장으로 만들고 있다. 치매 문제 대응에도 진심이다. 2026년 21개 동 전체를 치매안심마을로 지정하는 것을 목표로 두고 지역 주민·치매 환자와 그 가족 모두 안심하고 자유롭게 살아갈 수 있는 환경 조성에 현재 총력을 기울이고 있다.

더 나아가 멀리 가지 않고도 동네에서 품격 높은 요양·건강·여가 서비스를 한자리에서 누릴 수 있는 구립 노인종합복지타운(가칭) 건설이 한창이다. 2027년 준공되면 자녀들은 퇴근길에 들러 부모님 손을 잡을 수 있고, 어르신들은 단순한 웰빙을 넘어 신체적·정신적 건강이 조화된 '웰니스' 차원의 행복한 노후 생활을 즐길 것이다.

기술이 외로움을 다소 위로해줄 수는 있겠지만 중요한 것은 사람의 마음과 공동체다. 삶의 마지막 장(章)이 사람 사는 냄새와 온기가 가득하도록, 내 집과 동네가 가장 좋은 요양원이 되도록, 끝까지 어르신의 소박한 일상을 지켜낼 것이다.

한국경제 / 2025.09.10.

경제 구청장과
유니콘의 꿈

누구나 꿈을 꾼다. 잠결에 스쳐 지나가는 순간일 때도 있고, 내일을 기대하게 하는 희망이 되기도 한다. 청년 창업 열풍이 불고 있는 지금, 스타트업의 꿈은 기업가치 1조 원을 넘는 비상장 기업 '유니콘'Unicorn이 되는 것이다. 관악의 청년 창업가들도 그 꿈을 안고 도전을 이어가고 있다. 그러나 그 길은 결코 쉽지 않다.

청년이 가장 많이 모여 살고 서울대가 자리한 지역이어도 관악은 오랫동안 베드타운이라는 이름에 머물러 있었다. 사법시험이 폐지된 뒤 고시촌 상권은 예전 같지 않고 한때 학생들로 붐비던 골목은 적막해졌다. 서울시의원 시절에도 주민이 가장 많이 건넨 말은 "침체한 지역 경제를 살려달라"는 부탁이었다.

구청장에 취임한 뒤부터 스스로 '경제 구청장'이라고 불렀다. 관악의 미래는 결국 경제에 달려 있다고 믿었기 때문이다. 미국 스탠퍼드대가 실리콘밸리를, 중국 칭화대가 중관춘을 만들었듯 서울대와 함께라면 관악도 '혁신 창업 도시'로 도약할 수 있으리라 확신했다. 청년 일자리와 미래 산업이 살아야 지역 경제도 다시 힘을 얻을 수 있기 때문이다.

Seed에서 Scale up으

Valley Startup Sur

이 믿음으로 당시 오세정 서울대 총장을 찾아가 "관악을 벤처 창업 도시로 만들자"고 제안했다. 대학이 뜻을 함께하며 손을 잡아 '관악S밸리'가 출발했다. 작은 시도로 시작해 지금은 수백 개 청년 기업이 터를 잡고 있다. 그리고 그중 일부는 해외 시장에 도전하고 있다.

유니콘 기업으로 성장하려면 해외 진출은 필수다. 세계 최대 IT·가전 전시회 'CES' 참가가 중요한 이유도 여기에 있다. 청년 기업은 이 무대에서 기술과 아이디어를 세계에 알리고 해외 바이어와 투자자를 만난다. CES는 글로벌 시장으로 향하는 관문이다.

관악S밸리에는 햄버거 패티를 굽는 인공지능AI 조리 로봇으로 미국 시장에 진출한 기업, 기능성 수면 음료로 아마존에 입점한 창업가도 있다. 서로의 경험이 이어지고 쌓일수록 관악에는 더 많은 창업가가 모이고 지역 경제도 활기를 되찾을 것이다. 얼마 전 서울대 캠퍼스 '창업히어로'에서 출발해 CES 혁신상을 받은 AI 농업 로봇 기업 대표의 인터뷰 기사를 봤다. "관악에서 창업하길 잘했다"는 짧은 소감이 유난히 반갑고 가슴 벅찬 보람으로 다가왔다.

지난 2025년 7월 관악중소벤처진흥원을 출범시키고, 창업 허브와 낙성대공원에 거점 공간을 마련하기 위해 매진해 온 것도 창업가들이 안정적으로 성장할 토대를 구축하기 위함이다. 기업이 자라고 청년이 일하며 소비가 이어지는 선순환 구조를 만드는 것이 우리 관악구의 목표다.

작은 공간에서 시작한 아이디어가 현실이 되고, 그 현실이 세상을 바꾸는 힘으로 자라난다. 도전에는 실패가 따르기도 한다. 다시 일어설 수 있는 제도와 안전망이 필요하다. 이 기반이 단단해질 때 머지않아 '한국의 유니콘 기업이 관악에서 나왔다'는 반가운 소식을 듣게 되지 않을까.

한국경제 / 2025.09.17.

청소년 응원가,
하이파이브!

'요즘 애들'이라는 말은 '나 때는 말이야'Latte is horse 식의 '라떼 타령'과 함께 꼰대 소리 듣기 딱 좋은 말이다. 이런 인식이 생겨난 이유는 뭘까. 요즘 아이들은 어릴 때부터 스마트폰을 사용하고 SNS로 즉각적인 소통을 해왔다. 이들은 산업화 세대는 물론이요, 2000년대 초고속 인터넷의 등장과 함께 성장한 세대와도 다른 존재다. 당장 내 아이, 내 조카와 막힘 없이 대화하고 싶다면 먼저 이들에 대한 충분한 고민과 이해를 시작할 필요가 있다.

서울 관악구 신림청소년독서실이 최근 스터디카페로 새롭게 변신해 문을 열었다. 스터디카페는 개방성과 다양성을 지향하는, 소위 요즘 애들이 선호하는 '복합 문화 공간'이다. 칸칸이 나뉜 1인 공부 공간뿐만 아니라 개방형 좌석이 있고, 북카페도 있고 그룹 스터디 공간도 있다.

우리 때는 다른 생각은 하지도 말라는 듯 앞과 양옆이 꽉 막힌 독서실 책상에 앉아 얼굴을 묻고 까맣게 필기하며 시험에서 100점을 받으려 끙끙 앓는 것이 '공부'였다. 요즘 청소년은 다르다. 이들은 탁 트인 공간에서 태블릿 PC로 친구들과 정보를 공유하며 자기 계발과 성장을 위해 공부한다. 독서실을 스터디카페로 바꾼 진짜 이유도 여기에 있다. 개성이 강

2024
GROOVE IN GWANAK
STREET DANCE FESTIVAL
2024
GROOVE IN GWANAK
STREET DANCE FESTIVAL
2024
GROOVE IN GWA
STREET DANCE FEST
GROOVE
in
GWANAK

하고 원하는 게 뚜렷한 이들의 방식을 존중하고 청소년의 꿈을 응원하기 위해서다.

고도 성장기에는 '아무 생각 없이 살면 가난을 면치 못한다'는 어르신의 말씀이 곧 진리였다. 그런데 요즘 젊은이들은 생각이 다르다. '아무 생각 없이' 또는 '멍 때리며'라는 말에서 '휴식'을 떠올린다. 이런 점에 착안해 관악구는 청소년 축제의 브랜드 네임으로 '청아즐'을 사용한다. '청소년이 아무 생각 없이 즐기는 축제'의 줄임말이다.

2025년에 열린 제4회 청아즐의 주제는 '마음의 정원'이었다. 청소년들이 무한 경쟁과 스트레스로 가득한 일상에서 벗어나 마음껏 즐기고 힐링하는 한마당을 펼치고 싶었다. 현장에 가보니 생각보다 다양한 세대가 축제를 찾았다. 엄마 아빠 손을 잡고 부스에서 최신 유행 열쇠고리를 만드는 어린아이부터 아이돌 노래에 맞춰 춤추는 아이들을 보며 마치 손주 재롱을 보듯 환하게 웃는 어르신까지. 모든 세대가 청아즐을 즐기고 있었다.

공연을 준비하는 아이들을 응원하고 싶어 "힘내!" 하며 하이파이브를 했는데 어찌나 신나게 손뼉을 쳐주던지. 그때 내 가슴 깊은 곳에서 묵직한 감동과 울림이 전해졌다. '지금 이 순간, 아이들이 청소년 한마당에서 행복을 만끽하고 있구나. 세대의 벽을 넘어 모두와 소통하고 있구나.'

시간이 흐르면 사회가 변하고 사람도 변한다. 요즘 애들이 기성세대와 다르다는 건 문제가 아니라 당연한 이치다. 이해하고 믿어주고 응원하자. 아이들을 위한 투자는 지속 가능한 미래를 위한 확실한 투자니까. 청소년들이여, 실패해도 좋고 쉬어가도 좋으니 마음껏 꿈꾸고 도전하고 성취하라. 대한민국 청소년, 하이파이브!

한국경제 / 2025.09.24.

편하게, 펀Fun하게,
통하게

소통의 달인, 유머라는 제시어로 인물 퀴즈를 진행하면 가장 많이 떠올릴 사람은 단연 유재석을 꼽을 것이다. '국민 MC'라는 별칭이 괜히 붙은 게 아니다. 그는 상대의 말을 자연스럽게 끌어내고, 맞장구와 호응으로 마음을 풀어주며, 대화가 지루해질 즈음 적절한 유머로 웃음을 건넨다. 그래서 그의 대화는 늘 편안하다.

가끔 집에서 TV 리모컨을 돌리다가 그가 진행하는 '유 퀴즈 온 더 블럭'에서 채널을 멈추게 된다. 소소하지만 사람 냄새 짙은 이야기부터 말하기 어려운 고민까지 출연자들이 솔직하게 털어놓는 모습이 참 보기 좋다. "어휴, 제가 다 속이 터지네요." 그의 이 한마디는 상대의 감정을 인정하고 당신의 말에 집중하고 있다는 신뢰를 준다. 이어 "그럼 앞으로 가장 기대되는 일이 뭐죠?"처럼 따뜻한 질문을 던지며 공감대를 쌓는다. 대화의 힘으로 사람들의 속 깊은 이야기가 자연스레 흘러나온다.

누구와 관계를 맺고 소통하는 일은 결코 쉽지 않다. 해결하기 어려운 고충 때문에 화난 민원인부터 수해로 큰 슬픔에 빠진 이재민, 관악산 황톳길을 걸으며 활짝 웃는 주민까지. 구청장으로서 상대의 감정과 의견을

구민에게
듣습니다
관악의 오늘
그리고 내일
관악의 오늘 그리고 내일
관악구 드림메이커
청 년

이해하고 온전히 들어주는 게 참 어렵다고 절실히 느낀다. 그래서일까, 유재석의 경청과 공감 능력이 부럽기만 하다. 상대의 꽉 막힌 마음을 풀어주고, 재치 있는 한마디로 웃음을 나눌 수 있다면 얼마나 좋을까.

민선 7기 취임과 동시에 제1호 공약으로 '관악청'의 문을 열었다. 이곳의 '청'은 '관청 청'廳이 아니라 '들을 청'聽이다. 주민 누구든 찾아와 담소도 나누고 마음을 털어놓으며 조금은 가벼워지길 바라는 마음에 시작했다. 운영을 거듭할수록 깨닫는 건, 누군가의 문제를 당장 해결해 주는 것보다 진심 어린 경청이 더 큰 힘이 된다는 사실이다. 때로는 '이해와 설득'보다 '공감과 위로'가 더 절실하다. 이청득심以聽得心, 진심으로 귀 기울이면 마음을 얻는다는 말처럼 말이다.

지난 2025년 7월, 관악청 개관 7주년을 맞아 그간 희로애락을 함께한 주민 150여 명을 초대한 자리에서 뿌듯하면서도 '더 많이 들어주고 해결했어야 하는데'라는 죄송스러운 마음이 교차했다. 가족, 친지들과 함께할 설 명절이 머지않았다. 반가운 얼굴들을 마주하는 명절 자리에서 소위 '꼰대' 같은 조언보다는 그저 차분히 들어주며 고개를 끄덕이는 것이 더 풍성한 선물이 될 것이다.

문득 예전 개그콘서트의 인기 코너 '달인'이 떠오른다. 무대 위에서 이런 소개를 받는 상상을 해본다. "시청자 여러분, 구의원 8년, 시의원 8년, 구청장 12년, 무려 28년 동안 구민의 이야기를 경청하고 공감하며 위트 있는 말 한마디로 상대의 호감을 몽땅 얻어오신 관악의 대표 일꾼, '소통' 박준희 선생님을 이 자리에 모셨습니다." 웃음과 박수 속에서 서 있는 내 모습이 그려지자 나도 모르게 입가에 기분 좋은 미소가 번진다.

한국경제 / 2025.10.01.

텀블러 하나의 가치

"올여름이 내 남은 생애 중 가장 시원한 여름일 거래."

누군가의 농담에 웃으면서도 마음 한구석이 서늘해지는 기분이었다. 매년 기록을 경신하는 폭염, 점점 짧아지는 봄과 가을을 보면 더 이상 웃어넘길 일만은 아니다. 기후 위기는 먼 나라 이야기가 아니다. 그래서 탄소 중립이라는 말도 이제는 우리 삶 깊숙이 들어와 있다.

스웨덴에는 '플로깅'plogging이라는 운동이 있다. 달리면서 쓰레기를 줍는 활동이다. 건강도 챙기고 환경도 지킬 수 있어 최근 우리나라에서도 하나의 트렌드로 자리 잡았다. 퇴근길에 플로깅을 하는 직장인, 주말마다 가족과 동네를 돌며 쓰레기를 줍는 이웃까지. 환경을 지키는 일은 이제 특별한 사람의 몫이 아니다. 누구나 일상에서 실천할 수 있는 일이 된 것이다.

관악구청에도 의미 있는 변화가 이어지고 있다. 지난 2023년부터 청사에 일회용품 반입을 금지하면서 회의실 생수병도 다회용기로 바꿨다. 층마다 텀블러 세척기가 생겼고 구내 카페에서는 다회용 컵을 쓴다. 행사 때도 다회용기를 대여하는 모습이 이제는 너무나 익숙하다.

불과 몇 해 전만 해도 점심시간이면 분리수거함 위에 반쯤 남은 음료 컵

이 산처럼 쌓였고 엘리베이터 앞엔 테이크아웃 잔을 든 직원들이 줄을 서 있었다. 하지만 지금은 대부분 손에 텀블러를 들고 다닌다. 구청의 분위기가 달라졌다는 걸 실감한다. 제도가 자리 잡고 직원들의 습관이 바뀐 것이다. 실제로 한 환경단체 조사에 따르면 관악구청의 일회용 컵 반입률은 서울 자치구 중 가장 낮은 수준인 것으로 나타났다.

지역 주민들의 참여도 활발하다. 시장에 가면 장바구니를 든 어르신을 쉽게 볼 수 있고 동 주민센터에는 아이 손을 잡고 페트병을 모아오는 가족이 많아졌다. 동네마다 환경 동아리가 생기고 장바구니 캠페인도 열린다. 얼마 전 청년들과 천연 수세미를 만드는 자리에 함께했는데, 놀랍게도 이미 집에서 천연 수세미를 쓰는 청년이 적지 않았다.

국제사회는 2050년 탄소중립을 목표로 유엔 지속가능발전목표UN SDGs 와 파리협정 등을 중심으로 에너지 전환과 온실가스 감축을 위해 노력 중이다. 우리나라도 2030년까지 2018년 대비 온실가스 40% 감축을 약속하고 동참하고 있다. 관악구 역시 도시 숲 조성, 제로 에너지 빌딩 확대 등 '탄소중립 도시' 조성에 힘쓰고 있다.

변화를 완성하는 힘은 결국 일상에 있다. 도시를 바꾸는 일은 제도만으로 되지 않는다. 도시공원 같은 큰 정책이 방향을 잡는다면 그 길을 걷게 하는 힘은 주민 손에 들린 텀블러 하나, 장바구니 하나에서 나온다.

누군가는 의문을 가질지 모른다. '내가 줄인 일회용 컵 하나가 도대체 무슨 의미가 있을까.' 그러나 그런 작은 실천이 모일 때 비로소 변화가 시작된다. 지속 가능한 도시는 내일의 약속이 아니라 오늘 우리가 살아가는 방식 속에 있다.

한국경제 / 2025.10.15.

청년들의
'쉼'과 '뜀' 사이

누가 감히 청년들의 '쉼'을 무책임한 휴식이라고 할 수 있을까. 출근길 골목에서나 동네 카페 구석에서 마주하는 그들의 깊은 한숨과 고단한 어깨를 한 번이라도 제대로 봤다면 결코 그렇게 말할 수 없다.

우리는 여태 "성실하게 노력하면 된다", "좋은 대학에 가면 길이 열린다"고 가르쳤다. 하지만 세상은 예전과 달라졌다. 인공지능AI이 인간보다 더 정확히 답을 찾는 시대가 왔는데, 우리가 건넨 '낡은 지도' 때문에 청년들이 더 길을 헤매고 있는 것은 아닐까.

청년들의 '쉼'은 자발적인 포기가 아니다. AI 시대에 길을 잃고 보내는 절박한 SOS 신호다. 통계청에 따르면 구직 활동을 하지 않고 '그냥 쉬는' 청년 인구가 이미 50만 명을 훌쩍 넘었다고 한다. 이들의 외로움과 막막함에 진심으로 귀 기울이고 응답하는 것은 기성세대의 당연한 책무다.

AI 혁명은 일견 위기 같지만 실은 우리를 '정답 강박'에서 해방시켜줄 좋은 기회다. 그림을 그리고 곡을 쓰는 일조차도 AI가 대신한다. 그렇기에 이제는 기계가 더 잘하는 '기능'보다 인간만이 할 수 있는 '하고 싶은 것'이 중요하다. 획일성과 정확성이 아니라 다양성, 창의성, 감성이 중요한 시대다.

하지만 AI 시대 청년들에게 "마음껏 꿈꿔라"라고 말하기 전에 그 꿈을 펼칠 땅 한 뼘이라도 마련했는가를 자문해보자. 전국에서 청년 인구 비중이 가장 높은 관악구는 이 같은 문제의식으로 관악S밸리 프로젝트를 역점적으로 추진해왔다. 관악S밸리는 아이디어와 열정만 있으면 청년들의 실패가 자산이 되고, 도전이 경력이 되는 벤처 창업 생태계다. 청년들이 세상의 기준에 자신을 맞추지 않고, 그들만의 기준으로 세상을 만들어가는 주인공이 될 기회의 땅이다.

물론 좋은 기회의 장을 마련하는 것만으로는 충분하지 않다. AI 시대 우리 청년들이 스스로 기회를 잡고 미래 주역으로 성장할 수 있도록 역량을 길러주는 것이 핵심이다. 우리 구는 이런 철학을 바탕으로 2025년 100억 원 규모 교육경비 보조금을 관내 학교에 제공했으며, 이 중 일부는 초등학생부터 AI 기술을 접할 수 있는 교육 환경 조성에 사용하고 있다. 더 나아가 서울대와 함께 '캠퍼스타운 사업'과 '창업 히어로'HERE-RO 등을 운영해 청년들의 전문성을 키우고 있다. 이 모든 프로젝트의 목적은 청년들이 꿈과 끼를 펼쳐 종국에는 미래를 이끌어가는 혁신가로 성장하도록 돕기 위함이다. 이제는 청년들에게 묻는 말이 달라져야 한다. "어디에 취직했니"가 아니라 "요즘은 무엇에 마음이 가니?"로. '쉼'은 실패가 아니다. 다양하고 창의적인 가능성을 품은 기다림이자 더 멀리 가기 위한 숨 고르기다.

청년이 '쉼' 속에서 자신의 가능성을 발견하고 '뜀' 속에서 미래를 설계할 수 있도록 관악구가 함께할 것이다. 감성을 잃지 않고, 창의성을 키우며, 각자의 색깔을 마음껏 펼치도록 청년들의 든든한 버팀목이 되겠다.

한국경제 / 2025.10.22.

사람이 중심이 되는 경제

따스한 가을 햇살 아래 줄지어 선 노란 천막 사이로 노랫소리가 바람을 따라 퍼지던 날이었다. 수공예품이 놓인 부스 앞은 물건을 살펴보는 사람으로 붐볐다. 수줍은 미소의 사장님이 손수 구운 쿠키 시식을 권하고, 둘씩 셋씩 모여 '인생네컷'을 찍는 청년들의 웃음소리까지 더해지니 광장은 마치 하나의 작은 축제와도 같았다. 문득 지난가을 우리 관악구의 자랑인 사회적경제 장터 '꿈시장'의 풍경이 눈에 선하다.

장터가 열리는 날이면 자연스레 발길이 향한다. 바쁜 일정에도 새로 나온 물건을 구경하고 낯익은 상인들과 정겹게 안부를 나누는 시간을 즐긴다. 이곳에서는 경쟁보다 상생이 먼저이고, 경제적 이익 못지않게 사회적 가치와 관계가 중요하다. 꿈시장에 함께하다 보면 사람을 위한 행정, '사람이 중심이 되는 경제'가 어떤 모습이어야 할지 고민하게 된다.

사회적경제는 흔히 '착한 기업'이나 '도움을 주는 제도'로만 여겨지지만 실은 이보다 훨씬 넓고 깊은 개념이다. 돈보다 사람이 중심이 되고, 속도보다 지속이 중요하며, 혼자보다 함께를 택하는 경제 방식이다. 공동체 구성원들이 연결돼 협력하며 사회적 가치를 실현해나가는 것이 사회적

공공구매
2025년 관악 사회적
연대와 협력으로 더 나은 세상
협력의 힘, 더 나은 관악
공동체
를 위한 가치, 함께하는 도전
와 협력으로
사회적 책임을
다하겠습니다!
ESG 경영
실천하겠습니다!
함께합시다.
ESG!
함께합시다.
ESG!
행복한 공동체!!
ESG 경영
실천하겠습니다!
관악 사회적경제와
함께해요

경제의 본질이다.

효율과 성장 우선의 시대를 지나 이제는 '얼마나 빨리'보다 '어떻게 함께'가 중요한 시대가 됐다. 행정 역시 지시나 통제 방식에서 벗어나 주민의 자발적인 참여와 실천을 돕는 동반자로 적극 나서야 한다.

꿈시장은 사회적기업들이 가장 어려워하던 유통 문제 해결을 위해 시작된 장터다. 이제는 서울시 유일의 민관 협력 기반의 사회적경제 정기 장터로 확고히 자리 잡았다. 매년 여러 차례 열리며 사회적경제기업과 주민이 함께하는 상생의 장이 됐고, 이제는 온라인으로 판매망을 넓혀 카카오와 네이버에서도 제품을 선보이고 있다. 꿈시장은 단순한 거래의 공간을 넘어 사회적 가치를 함께 나누고 의미를 더하는 '지역 공동체의 장'이다.

코로나19 장기화와 고시촌 해체 이후 인구가 유출되고 일자리가 줄면서 지역경제가 흔들리던 시기에도 우리 구는 사회적경제 기업이 버텨낼 수 있도록 든든한 울타리를 자처했다. 특히 지난 수년간 정부 보조금이 대폭 축소된 상황에서도, 관악구는 자체 예산을 확보해 사업개발비를 지원했고 '관악 디딤돌 청년일자리 사업'을 통해 청년들이 사회적기업에서 일할 수 있게 연결했다. 또한 임차료 부담을 낮춘 공유공간을 마련해 신생 사회적기업이 안정적으로 자리 잡을 수 있도록 돕고 있다. 이곳에서는 기업 간 협업이 자연스럽게 이뤄지고 지역 문제를 함께 풀어나가는 노력이 활발하다.

지역의 힘이 곧 국가 경쟁력이다. 2026년 새해에는 대한민국 사회적경제가 더욱 단단히 뿌리내려 모든 지역이 함께 성장하고 함께 잘사는 따뜻한 사회가 되기를 꿈꾼다.

한국경제 / 2025.10.29.

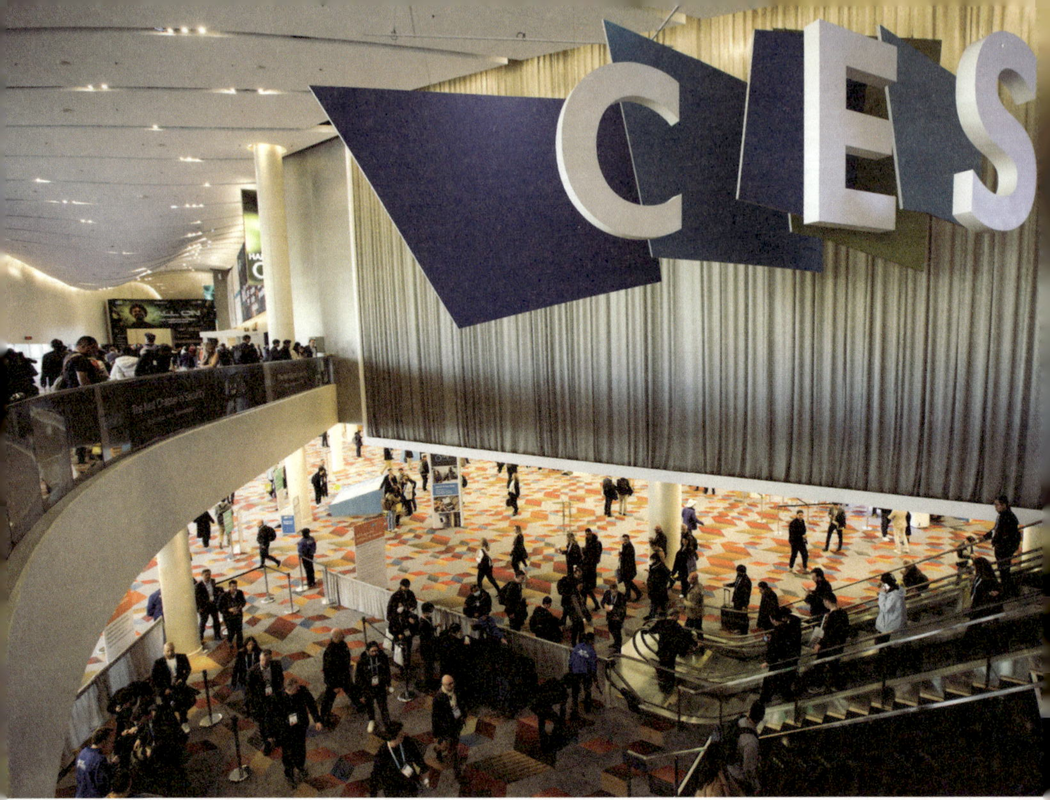

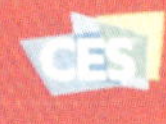

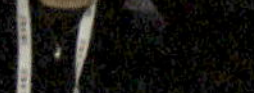

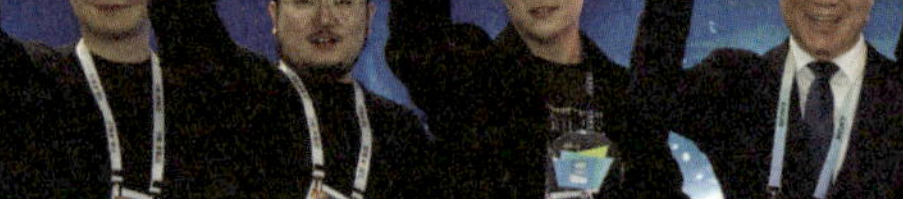

CES

orea's Silicon Valley for Innovative Companies
ANAK S VALLEY
CES
Consumer Technology Association
SEOUL
CES 2024
SEOUL PAV
CES
관악S밸리 스타트업 CES 2024 참가
Gwanak S Valley Startup Participated in CES 2024 Eureka Park
기간 2024. 1. 9.(화) ~ 1. 12.(금)
장소 미국 라스베이거스
관악구

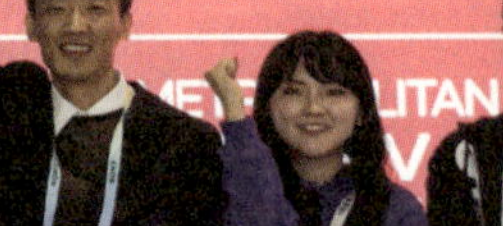

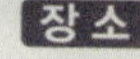

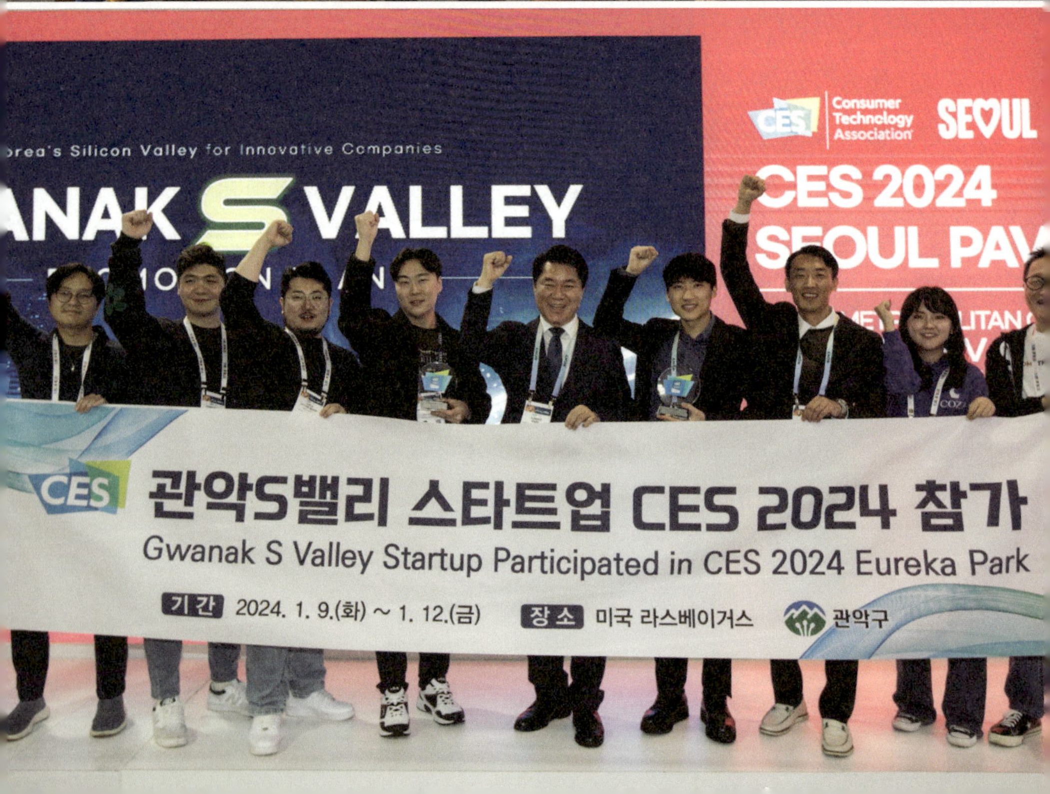

동이 먼저 트고
미래가 빨리 오는 도시

고려 정종 3년, 강감찬 장군이 태어나던 밤, 하늘에서 빛나는 별이 내려 왔다. 영웅 탄생의 전설은 오늘의 관악에서 새로운 이야기로 이어지고 있다. 별처럼 빛나는 청년 창업가들이 관악S밸리라는 무대에서 '창업 히어로'가 되어 관악의 역사를 새롭게 써 내려가고 있다.

서울대가 지역 혁신 클러스터의 핵심 주체로 부상했다. 연구실에서 나오는 빛나는 아이디어가 창업으로 이어지고 있다. 인공지능 기반 반려동물 생체 인식 서비스, 인체 분석을 통한 의류 스타일 추천, 친환경 수소 생산 기술 개발, 수산물 기반 친환경 소재 제조기업 등이 대표적이다. 이들 모두 연구실에서 출발한 아이디어가 실제 창업으로 발전한 사례다.

그 중심에는 관악구와 서울대가 함께한 '캠퍼스타운 사업'이 있다. 단위형 1기로 시작한 이 사업은 종합형 3기2020~2023년, 창업형 6기2024~2025년를 거쳐 9년째 힘차게 이어오고 있다. 얼마 전 관악구-서울대가 '2026년 서울캠퍼스타운 사업 공모'에 선정되었다. 이로써 서울캠퍼스타운 사업 4회 연속 선정이라는 쾌거를 거두게 됐다. 지역과 대학이 동반 성장하는 캠퍼스타운 사업이 그간의 성과를 인정받고, 꾸준히 추진되고 있다는 점에서 의미가 깊다. 거점 시설 조성, 창업 교육과 멘토링, 투자 연계 프로그램을 지속 추진해 청년 창업가들에게 새로운 길을 열어줄 생각이다.

한때 '베드타운'으로 불리던 관악을 '혁신 경제 도시'로 바꾸겠다는 꿈이 점차 현실이 되고 있다. 현재 관악구에는 '창업 히어로'를 비롯한 18개의 창업 지원 시설이 활발히 운영 중이며, 관악S밸리 곳곳에는 600여 개의 기업과 3,000여 명의 창업가들이 역동적으로 활동하고 있다.

한편 2025년 7월에는 서울 자치구 가운데 최초로 관악중소벤처진흥원이 출범했다. 초기 창업에서 투자, 해외 진출에 이르기까지 전 주기를 지원함으로써 창업 지원 전문기관으로서의 역할을 톡톡히 하고 있다.

관악S밸리는 이제 대한민국 스타트업 창업의 온상이자 세계와 연결되는 길목으로 각광받고 있다. 2024년 국제전자제품박람회CES에서 자치구 최초로 '관악S밸리관'을 운영한 관악은 2025년에 이어 2026년 CES 현장에서도 세 번째 도전을 이어가며 전 세계에 관악의 혁신 기술을 알리고 있다. 2025년 CES에서 관악구는 '글로벌 창업 혁신 허브'를 지향하는 관악S밸리 미래 비전을 발표했다. 이 비전을 실현하기 위해 2026년에는 스페인 바르셀로나에서 열리는 '국제모바일기술박람회'MWC에도 도전할 계획이다.

천여 년 전 낙성대 별의 전설로 시작된 관악의 이야기는 오늘 청년 창업가들의 꿈과 도전으로 다시 피어났다. 관官, 서울대學, 민간 기업産이 손을 잡고 지속적으로 혁신을 추진한다면 관악은 '동이 가장 먼저 트는 도시, 미래가 가장 빨리 오는 도시'로 발전할 것이다.

대한경제 / 2025.10.28.

관악에 살다
미래를 열다

제1판 1쇄 발행 2026년 1월 23일

저자	박준희
펴낸이	김덕문
편집	손미정
교열	공희준
디자인	놈normmm
영업	이종률
제작	정우미디어

펴낸곳	더봄
등록일	2015년 4월 20일
주소	서울시 마포구어울마당로 130 기린빌딩 3105호
대표전화	02-975-8007 ‖ **팩스** 02-975-8006
전자우편	thebom21@naver.com
블로그	blog.naver.com/thebom21

ⓒ박준희, 2026
ISBN 979-11-92386-47-8 03340